Eduard Hartstein

Der Londoner Viehmarkt und seine Bedeutung für den Kontinent,

insbesondere Deutschland

Eduard Hartstein
Der Londoner Viehmarkt und seine Bedeutung für den Kontinent,
insbesondere Deutschland

ISBN/EAN: 9783743621893

Hergestellt in Europa, USA, Kanada, Australien, Japan

Cover: Foto ©ninafisch / pixelio.de

Weitere Bücher finden Sie auf **www.hansebooks.com**

Der Londoner Viehmarkt

und

seine Bedeutung für den Continent

insbesondere

Deutschland.

Von

Dr. Eduard Hartstein,

Geheimer Regierungsrath, Director der landwirthschaftlichen Akademie Poppelsdorf,
Ehrenmitglied der Königlichen Landwirthschafts-Gesellschaft von England.

Bonn.

bei Adolph Marcus.

1867.

Inhalt.

		Seite
I.	Kurze Beschreibung des Londoner Viehmarktes	2
II.	Vorschläge zur Trennung des Marktes für einheimisches und fremdes Vieh	5
III.	Das Schlächtergewerbe und die Schlachthäuser Londons	10
IV.	Die Fleischmärkte Londons	16
V.	Die Versorgung Londons mit Fleischsendungen von Aussen	20
VI.	Die Fleisch- und Viehpreise in London	29
VII.	Beschickung des Londoner Viehmarktes	38
VIII.	Art und Kosten des Verkaufes	59
IX.	Der Transport des Viehes nach London	69
X.	Die Bedeutung des Londoner Viehmarktes für das Ausland	91

Eine der grossartigsten Erscheinungen der Weltstadt London, welche besonders den deutschen Landwirth beim Besuche der Metropole Grossbritanniens mit lebhaftem Interesse erfüllt, ist deren Viehmarkt. Nicht allein der ungeheure Umfang dieses Marktes und dessen vortreffliche Einrichtungen erregen Bewunderung, sondern auch das dort zusammengebrachte Vieh, welches die verschiedensten Racen und Arten vertretend, ein reiches Material zum Studium der Viehzucht darbietet, nimmt im hohen Masse unser Interesse in Anspruch. Nicht minder staunenswerth aber ist die Sicherheit und Regelmässigkeit, mit welcher der Markt die über drei Millionen starke Einwohnerschaft der Hauptstadt mit Fleischnahrung reichlich versorgt, was nicht zum geringsten Theile dem Umstande verdankt wird, dass fast alle Länder Europas sich in Folge des freien Verkehrs an der Viehzufuhr dorthin betheiligen. In dieser allgemeinen Betheiligung ist denn aber auch der Einfluss des Londoner Viehmarktes auf die Landwirthschaft des Continents unverkennbar, die in der Steigerung und Verbesserung der Viehzucht ein Hauptmittel ihres Fortschritts besitzt. Es wird daher der Mühe lohnen, diesen Weltmarkt nach seiner allmähligen Entwickelung und gegenwärtigen Einrichtung zu schildern, sowie die Vortheile, welche dessen Beschickung den Landwirthen des Continents, insbesondere Deutschlands bietet, zu erörtern.

I. Kurze Beschreibung des Londoner Viehmarktes.

Nachdem der Viehmarkt in der City Jahrhunderte lang auf dem sog. Smithfield bestanden hatte, wurde bei allmähliger Vergrösserung und endlich riesenhaftem Anwachsen der Hauptstadt eine Veränderung wünschenswerth, da die Lage, Ausdehnung und Einrichtungen des alten Marktes den Bedürfnissen je länger desto weniger entsprachen. Indessen bot die Beschaffung eines ausreichenden und günstig gelegenen Terrains, des ersten Erfordernisses zu einem neuen Markte, ausnehmende Schwierigkeiten dar. Allerhand Vorschläge wurden gemacht, indessen erwiesen sich die meisten derselben als unausführbar. Am Ende liess sich aber die Entscheidung der Frage nicht mehr aufschieben: die Corporation der City von London, welcher das ausschliessliche Recht zur Haltung des Viehmarktes zusteht, sah sich um so mehr zur Aufhebung der alten Einrichtung vom Smithfield gezwungen, als die Unglücksfälle beim Transport des Viehes in den belebten und zum Theil engen Strassen der Hauptstadt sich immer mehr häuften und laute Klagen darüber erschollen. So wurde denn im Jahre 1851 der Beschluss gefasst, einen neuen Viehmarkt zu errichten und denselben nach dem nördlichen Theile von London in die Vorstadt Islington zu verlegen, wo das sog. Copenhagenfield ausreichenden Raum bot.

Dieser neue Markt, welcher im Jahre 1857 unter dem Namen des „hauptstädtischen Viehmarktes" — Metropolitan Cattle Market — eröffnet wurde, umfasst eine Fläche von 109 Morgen, wovon ungefähr die eine Hälfte zu den Viehständen, die andere zu den Nebenanlagen verwendet ist. Den eigentlichen Viehmarkt bildet ein Quadrat von 780 Fuss Länge und Breite, in dessen Mitte sich das sogenannte Bankhaus mit seinem hohen Thurme erhebt. In diesem Gebäude befinden sich ausser einigen Bankcomptoiren die Bureaux der Marktbeamten, das Postbureau und eine Telegraphenstation. Der Platz selbst ist in seiner ganzen Ausdehnung gepflastert, durch unterirdische Abzugscanäle trockengelegt und reichlich mit Wasser versorgt, welches durch Zuleitungen in eiserne Bassins geführt wird. Es ist die Einrichtung getroffen, dass die eine Hälfte des Marktes für das Grossvieh, die andere für Kälber, Schafe und Schweine benutzt wird. Der Flächenraum der ersteren Hälfte, also der Rindviehstände, beträgt in runder Summe 250,000 ☐ Fuss; er gestattet die Aufstellung von 7000 Stück Grossvieh. Die offenen Schafstände, welche in Abtheilungen für je 20 Stück zertheilt sind, umfassen 143,000 ☐ Fuss und reichen für 30,000 Schafe aus. An sie schliessen sich zwei bedeckte, an den Seiten offene Hallen von je 30,000 ☐ Fuss Grundfläche an, deren jede 1200—1500 Stück Kälber oder Schweine aufzunehmen vermag. In diesen Hallen ist, um das Auf- und Abladen des Viehs zu erleichtern, der Fussboden um einige Fuss erhöht.

An den Marktplatz schliessen sich westlich 12 Schafställe an, welche für etwa 8000 Stück reichen, und südlich 12 Ochsenställe, die für 3000 Stück Raum gewähren. Diese Stallungen dienen zur Aufnahme desjenigen Viehes, welches vor dem Markttage am Platze eintrifft, und von solchem, welches entweder nach dem Verkaufe nicht sofort abgeholt wird, oder unverkauft geblieben ist. Es bedarf keiner Ausführung, dass durch diese Einrichtung der Viehhandel wesentlich erleichtert wird. Zur ferneren Erleichterung des Verkehrs sind auch auf Kosten der City sieben grosse Gasthöfe in unmittelbarem Anschluss an den Marktplatz erbaut, welche gegen einen mässigen Preis vermiethet werden. Endlich lag es im Plane, gleichfalls in unmittelbarem Anschluss an die eben erwähnten umfassenden Einrichtungen eine entsprechende Anzahl grosser öffentlicher Schlachthäuser zu errichten, die an Stelle der vielen vorhandenen kleinen Privatschlächtereien zu treten bestimmt waren, indessen ist zur Zeit erst eines davon zur Ausführung gekommen. Und selbst diess eine wird bei der allgemeinen Abneigung, welche die Schlächter Londons gegen das Schlachten in öffentlichen Schlachthäusern haben, bisher nur wenig und eigentlich nur von den in der Nähe desselben wohnenden Schlächtern benutzt, weshalb man vorläufig von dem Bau anderer öffentlicher Schlachthäuser Abstand genommen hat. Der Rest des Areals ist für einen Horn- und Ledermarkt bestimmt.

Wie schon die vorstehende kurze Beschreibung erwarten lässt, macht die ganze Anlage des Londoner Viehmarktes auf den Besucher einen grossartigen Eindruck. Aber die Beobachtung des Einzelnen vermindert die Bewunderung nicht, welche das gewaltige Institut erregt. so zweckentsprechend und gelungen ist die Ausführung auch im Besonderen ausgefallen. Allerdings waren auch die Kosten, um den Markt herzustellen, sehr bedeutende: einschliesslich des für den Grund und Boden gezahlten Kapitals hat die ganze Anlage einen Aufwand von 3 Millionen Thaler erfordert, welches Kapital durch die Einnahmen aus den Standgebühren, die Vermiethung der Gasthöfe und einige Nebengefälle mit nicht vollen 2 Procent sich verzinst.

An zwei Tagen der Woche, Montag und Donnerstag, wird der Markt abgehalten, von denen der Montagmarkt der bei weitem besuchteste und wichtigste ist. Die durchschnittliche Zahl der am Montag zu Markt gebrachten Thiere beträgt 5000 Stück Rindvieh und 18000 Schafe, während es sich am Donnerstag um durchschnittlich 1000—1200 Stück Rindvieh und 6—8000 Stück Schafe handelt. Die an beiden Markttagen zum Verkauf gebrachte Zahl von Kleinvieh beläuft sich durchschnittlich auf 400— 500 Kälber und 600—700 Schweine. Es versteht sich, dass diese Zahlen nach verschiedenen Verhältnissen hin schwanken; jedoch pflegt der Markt nur zur Weihnachtszeit stärker, als eben angegeben wurde, besucht zu werden. Selbst dann aber sind die sämmtlichen Viehstände lange nicht besetzt, da man bei der Anlage derselben auf die Vermehrung der Bevölkerung und das damit sich steigernde Raumbedürfniss für die Zukunft genügend Rücksicht genommen hat.

Zur Verwaltung dieses grossartigen Marktes sind folgende Beamte nöthig:

1. Der Markt-Vorsteher (Market Clerk). Dieser hat die Direction des ganzen Verkehrs, vertheilt die Plätze, giebt die Erlaubniss zur Einstellung, kauft das nöthige Futter, setzt sich mit der Polizei in Verbindung, so oft diess nöthig wird, führt zweimal wöchentlich an die Stadt seine Kasse ab, ist Mitglied des für die City eingesetzten Markt-Comité's, beaufsichtigt die Treiber (drovers), führt dieselben im Register und hat überall auf Befolgung der gegebenen Vorschriften und Anfertigung der schriftlichen Arbeiten zu achten.

2. Der erste Controleur. Dieser stellt die Rechnungen für Grossvieh und Schafe auf, führt die Register über Plätze und Ställe und erhebt die Gebühren.

3. Der zweite Controleur besorgt die Zählung der Schweine und Kälber, stellt die Rechnungen auf und erhebt die Gebühren.

4. Ein Inspector hat auf Reinlichkeit des Platzes und der Ställe zu halten, vereinnahmt und verrechnet das Futter und den Dünger und stattet darüber wöchentliche Rapporte dem Clerk und dem Markt-Comité ab.

Demselben sind beigegeben: ein Viehaufseher, ein Assistent desselben, ein Vorsteher des Schafstalles, dem die Beobachtung des kranken Viehes obliegt, vier Arbeiter und ein Bauhandwerker.

5. Ausserdem ist noch ein Inspector angestellt, der thierärztliche Kenntnisse besitzen muss. Sein Geschäft ist es ganz besonders, darauf zu halten, dass kein ungesundes Vieh auf den Markt gebracht wird. Er hat sich daher von jedem Thiere die erforderliche Ueberzeugung zu verschaffen, verdächtiges Vieh zu beseitigen oder zur Beobachtung einstellen zu lassen.

Die Treiber (drovers), welche dem Markte beigeordnet sind, erhalten keine Besoldung und werden von denjenigen bezahlt, die ihre Dienste in Anspruch nehmen. Sie müssen aber jährlich eine neue Erlaubniss gegen Erlegung von 1 s. einholen, eine Vorschrift, die deshalb für nothwendig gehalten wird, damit geprüft werden kann, ob diese Personen auch noch gesund, kräftig und zum Treiben des Viehes brauchbar sind [1]). Bewunderungswürdig endlich ist die Ordnung, welche, von diesem Beamtenpersonale gehandhabt, auf dem Riesenmarkte von Islington herrscht, obgleich dasselbe der Zahl nach sehr beschränkt ist. Zur Aufrechthaltung derselben trägt es wesentlich bei, dass schon am Tage vor jedem Markte die Verzeichnisse des aufzustellenden Viehes dem Marktvorstande (Market Clerk) übergeben werden müssen, welcher darauf den Verkäufern die Viehstände, deren sie sich zu bedienen haben, anweist. Um jede Störung des Verkehrs auf den vielbelebten Strassen, besonders der City, möglichst zu vermeiden, ist bestimmt, dass das Auftreiben des Viehes erst in der Nacht nach 12 Uhr geschehen, das Abtreiben der verkauften Stücke vom Markte aber nur bis 11 Uhr Morgens und dann erst nach 5 Uhr Nachmittags stattfinden darf [2]).

II. Vorschläge zur Trennung des Marktes für einheimisches und fremdes Vieh.

Das Einschleppen von Seuchenkrankheiten, die in Folge der Zufuhr fremden Viehes nach dem Londoner Markte sich in Grossbritannien gezeigt und besonders in der letzten Zeit so ausserordentliche Dimensionen angenommen hatten, ward die Veranlassung des Vorschlags, zum Schutz dagegen den Markt für einheimisches und

---

1) Nach Risch. Th., Bericht über Schlachthäuser und Viehmärkte. Berlin, 1866. 8°. S. 104.

2) Ueber die Höhe des Standgeldes, der Fütterungskosten, des Treiberlohnes u. s. w. werden später bei Berechnung der Verkaufsunkosten die nöthigen Angaben gemacht werden.

fremdes Vieh zu trennen. Für das erstere sollte ausschliesslich der jetzige Markt zu Islington benutzt, für das fremde Vieh dagegen ein zweiter neuer Markt am Ufer der Themse errichtet werden, mit welchem letzteren zugleich grosse Schlachthäuser zu errichten seien, um durch Abschlachten möglichst an Ort und Stelle zugleich die vielfachen Störungen des Viehtreibens in den Strassen Londons zu beseitigen. Gegen diesen Vorschlag einer solchen Trennung des einheimischen von dem fremden Marktviehe haben sich aber die zunächst an der Sache Betheiligten, die Schlächter wie die Viehhändler, auf das Entschiedenste erklärt. Da die überwiegende Mehrzahl der ersteren, selbst die aus den aristokratischen Stadttheilen, wie vom Westend, sowohl einheimisches als fremdes Vieh ankaufen, so würde ihnen dadurch allerdings sehr schwer gemacht werden, sich mit ihrem Bedarf nach Wunsch zu versehen. Die Trennung und Vertheilung des Viehmarktes auf zwei sehr weit von einander gelegene Plätze würde, falls die Abhaltung beider Märkte zu gleicher Zeit stattfände, die Käufer jedesmal von dem einen oder dem andern derselben ausschliessen, im andern Falle aber zum Mindesten einen bedeutenden Zeitverlust und noch andere Uebelstände zur Folge haben. Gerade die gleichzeitige Aufstellung des Viehes von der verschiedensten Qualität auf demselben Markte gewährt alle Vortheile der Uebersicht und Wahl, und giebt die Möglichkeit für Jeden, sich seinen Bedarf, möge er nun noch so gross oder gering sein, nach Wunsch anzukaufen. Noch entschiedener als die Schlächter, thun die Viehhändler gegen den erwähnten Vorschlag Einsprache. Nur der gleichzeitige Besuch desselben einen Marktes Seitens der verschiedenen Klassen des Schlächtergewerbes, so erklären sie, habe diejenige Concurrenz zur Folge, welche zur Erzielung guter Preise des Viehes und Fleisches erforderlich sei. Sie halten sich überzeugt, dass bei Trennung der Märkte die Viehpreise sinken und der Import vom Auslande sich sehr bald erheblich vermindern würde. Wollte man aber darin etwa einen Vortheil für das Publikum erblicken, so würde auch diess als Täuschung sich herausstellen. Denn nach Verminderung der Zusendungen vom Auslande würde sehr bald eine Steigerung statt Ermässigung der Fleischpreise eintreten und hieraus nichts weiter als ein unbilliger Gewinn für die Viehbesitzer Englands hervorgehn. In der That stimmen alle Sachkundige darin überein, dass nur durch die Beibehaltung eines Viehmarktes die nothwendige Concurrenz, die regelmässige Fleischversorgung Londons und die möglichste Gleichmässigkeit der Fleischpreise hergestellt werden kann. Unzweifelhaft scheint es ferner zu sein, dass für den Viehexport vom Auslande die vorgeschlagene Trennung einen erheblichen Nachtheil zur Folge haben würde. Bei dem entschiedenen Widerspruche also, der sich dagegen erhebt, wird diese Massregel voraussichtlich nicht zur Ausführung kommen; dagegen erscheint es zum Schutz gegen die Viehseuchen durchaus gerechtfertigt, dass der „hauptstädtische" Markt jetzt ausschliesslich für Fettvieh bestimmt ist und dass das dort zum Verkauf gebrachte Vieh, wie gleichfalls angeordnet worden ist, mit einer Brandmarke versehen wird, wonach eine weitere Versendung desselben als Handelswaare auf einen andern Markt ausgeschlossen ist und die Schlachtung desselben innerhalb zehn Tage stattfinden muss.

Bei Erwähnung der Schutzmassregeln gegen die Einschleppung von Viehseuchen, welche nach den durch die Rinderpest in England herbeigeführten Verheerungen mit dem grössten Eifer besprochen werden und sozusagen die brennende Tagesfrage bilden, sei noch kurz eines Vorschlages gedacht, der damit in Zusammenhang steht, des Vorschlags nämlich, wonach das eingeführte Vieh im Hafenorte einer Zwangsschlachtung oder aber sofort nach der Landung einer Quarantaine unterworfen sein solle. Das sogenannte Zwangsschlachten nun, wonach das importirte Fettvieh im Landungshafen innerhalb vier Tage nach der Ankunft getödtet werden soll, findet wegen der grossen Nachtheile, welche für die Verkäufer damit verbunden sein würden, nur wenige Vertheidiger, indem man mit Recht geltend macht, dass durch die Einführung einer solchen Massregel die Viehzufuhr vom Continent ganz erheblich beeinträchtigt, ja am Ende wohl gar ganz aufgehoben werden würde. Nicht weniger misslich steht es mit der zweiten in Vorschlag gebrachten Massregel, dem Quarantainesystem. Denn ganz abgesehen davon, dass das Halten des Viches in einer vierzehntägigen oder gar dreiwöchentlichen Quarantaine, wie sie vorgeschlagen wurde, ausserordentlich weitläuftige und ausgedehnte Einrichtungen erfordert, die gerade in London oder auch in anderen grossen Seestädten wie Liverpool sich nur schwer beschaffen liessen, so würden damit wieder vielfache und erhebliche Nachtheile für die Verkäufer des continentalen Schlachtviehes verbunden sein. Zunächst würden nämlich die beträchtlichen Ausgaben für Futter und Pflege des Viches während der Quarantaine in Anschlag zu bringen sein, welche eine directe Vertheuerung desselben herbeiführen müssten. Aber auf der andern Seite wäre auch die Gefahr vorhanden, dass das Vieh selbst bei der besten Pflege sich während der Quarantainezeit verschlechtere, daher am Werth abnehme, da das ungewohnte Futter, die Veränderung der Luft und des Aufenthaltes in der Regel ungünstig auf den Zustand des thierischen Organismus wirkt. Dazu kommt noch die Gefahr, dass gesundes Vieh gerade am Platze der Quarantaine, wo die verschiedenartigsten Thiere zusammengebracht werden würden, von einer Seuchenkrankheit inficirt werde. Endlich aber würde der Viehhandel selbst eine erhebliche Störung dadurch erleiden, ohne dass in Rücksicht auf den durch die Quarantaine gesicherten Gesundheitszustand des Viches sich mit Sicherheit auf einen höheren Preis rechnen liesse. Schwerlich dürfte es einem Zweifel unterliegen, dass die Quarantaineeinrichtung in gleicher Weise als das Zwangsschlachten am Ausschiffungsplatze die Vieheinfuhr nach England wenn nicht gänzlich aufheben, so doch sicherlich ausserordentlich beeinträchtigen und vermindern würde, wodurch selbstverständlich für die Hauptstadt eine wesentliche Steigerung der Fleischpreise herbeigeführt werden müsste. Daher wird denn auch nicht anzunehmen sein, dass die eine oder andere von diesen Massregeln zur Ausführung gelange.

III. Das Schlächtergewerbe und die Schlachthäuser Londons.

Um die Grossartigkeit des Geschäftsverkehres auf dem Londoner Markte besser zu würdigen, wird es erspriesslich sein, des Schlächterhandwerks, wie es in der britischen Hauptstadt besteht und geübt wird, mit einigen Worten zu gedenken.

Die Zahl derer, welche sich mit diesem Gewerbe befassen, wird in runder Summe auf 4000 geschätzt, die sich in verschiedene Klassen theilen. Es giebt zunächst Gross- oder Hauptschlächter (carcase butchers), deren Geschäftsbetrieb darin besteht, das ausgeschlachtete Vieh ganz oder in Viertel vertheilt direct vom Hause oder auf den Fleischmärkten an Kleinschlächter, Fleischhändler und Fleischlieferanten zu verkaufen. Auf den Einzelverkauf lassen sich diese Grossschlächter überhaupt um so weniger ein, als ihr Geschäftsbetrieb ein ausserordentlich umfassender ist. Um Letzteres zu verdeutlichen, sei hier nur angeführt, dass die durchschnittliche Zahl der von je Einem dieser Leute wöchentlich gekauften und geschlachteten Thiere 80—100 Stück Grossvieh und 500—800 Schafe beträgt. Ja, es giebt einzelne Engros-Schlächter in London, die sogar mehr als das Doppelte der angegebenen Stückzahl schlachten. Die zweite Klasse der Schlächter bilden die Kleinschlächter (retail-butchers), welche den Verkauf des Fleisches en detail besorgen. Diese schlachten selbst nur eine kleine Zahl von Thieren — wöchentlich im Durchschnitt 8—10 Ochsen, 50—80 Schafe und eine entsprechende Anzahl von Kälbern — und kaufen ihren übrigen Bedarf daneben auf den Fleischmärkten. Von beiden Klassen sind wieder die blossen Fleischhändler (Meatdealers) zu unterscheiden, die nur auf den Fleischmärkten oder auch direct von den Grossschlächtern das Fleisch zu dem von ihnen vermittelten Detailverkauf ankaufen. Endlich ist es nöthig, noch der sogenannten Fleischlieferanten zu erwähnen (meat-contractors), welche die Fleischlieferungen an die Armee, an öffentliche Institute, wie Schulen u. s. w. im Ganzen übernehmen. Diese Fleischlieferanten sind theils Grossschlächter, theils solche Personen, welche die übernommenen Lieferungen durch den Ankauf von Fleisch auf den verschiedenen Fleischmärkten ausführen oder durch andere Schlächter ausführen lassen, wobei sie nur für die pünktliche Erfüllung ihres Vertrags, was die Güte und die Quantität, rechtzeitige Einlieferung des Fleisches u. s. w. anbetrifft, verantwortlich sind. Ihre Verträge pflegen meist auf sechs Monate abgeschlossen zu werden. Wie bedeutend auch das Geschäft dieser Meat-contractors ist, geht schon daraus hervor, dass einzelne derselben Fleischlieferungen für 20—30000 Menschen übernehmen.

Alle genannten Klassen nun pflegen regelmässig ihren Fleischbedarf von dem hauptstädtischen Markte zu beziehen, da es durchaus nicht Gebrauch ist, etwa auf dem Lande lebendes Vieh anzukaufen, höchstens mit Ausnahme von Kälbern und Schweinen. Ja, die Bedeutung des Londoner Metropolitan-Marktes ist um so grösser, je häufiger ausser den Fleischern und Fleischlieferanten der Hauptstadt selbst Schlächter aus Provinzialstädten, z. B. Kent's, regelmässig von dort ihren Bedarf beziehen. Und zwar sind es nicht bloss etwa kleinere Städte, welche auf diese Weise von London her mit Fleisch versorgt werden, sondern selbst grosse Fabrikstädte wie Birmingham, Manchester und Seeplätze wie Liverpool, erhalten einen Theil ihres Vieh- und Fleischbedarfs vom Londoner Markte, so dass die Hauptstadt in dieser Beziehung wie in andern Beziehungen auch als das allgemeine Emporium vom Continent her erscheint.

Auf dem Londoner Markte concurriren daher die Gross- und Kleinschlächter der Hauptstadt, ferner Fleischlieferanten, sowie auch zahlreiche Schlächter von auswärts. Immerhin ruht aber des Hauptgeschäft in den Händen der Grossschlächter, die dann auch hinsichtlich der Fleischpreise den bestimmenden Ausschlag geben. Dieser Umstand macht zugleich auch erklärlich, dass die Verkaufsgeschäfte auf diesem Riesenmarkte sich verhältnissmässig schnell und leicht abwickeln. Während man bei uns selbst auf grösseren Viehmärkten daran gewöhnt ist, ein ängstliches Hin- und Herhandeln selbst auf die einzelnen Stücke stattfinden zu sehen, werden dort auf dem Londoner Metropolitan-Markt oft von einem einzigen Grossschlächter in der kürzesten Frist zu einem Durchschnittspreise Verkaufsabschlüsse gemacht, die sich auf hundert und mehr Haupt Grossvieh oder mehrere hundert Schafe beziehen. Nur durch dieses Zusammenfassen, diese Grossartigkeit in Geschäftsbetrieb wird es möglich gemacht, dass im Laufe von wenigen Stunden der Verkauf so grosser Massen aufgestellten Viches ohne Störung von Statten geht.

Die Grossschlächter nun, wie auch viele der bedeutenderen Kleinschlächter besitzen ihre eigenen Schlachthäuser, mit denen Stallungen unmittelbar verbunden zu sein pflegen, um das auf dem Markte gekaufte Vieh darin bis zum Schlachten aufzustellen. Solcher Schlachthäuser giebt es in London gegen tausend, von denen über hundert allein auf die City, die innere oder Altstadt, kommen. Diejenigen Kleinschlächter aber, welche kein eigenes Schlachthaus haben, benutzen gegen eine bestimmte Entschädigung (pro Stück) das ihnen zunächst gelegene eines Gewerbegenossen. Man hat nun wiederholt in Erwägung gezogen, ob nicht aus Rücksichten der öffentlichen Gesundheitspflege, behufs besserer Controle, sowie zur Vermeidung des Viehtreibens auf den belebten Strassen diese Privatschlachthäuser aufzuheben und an deren Stellen öffentliche grosse Schlachthäuser einzurichten seien, wie solche in einzelnen grösseren Städten der Monarchie, wie z. B. in Edinburgh, eingeführt sind. Es ist bereits auch der Anfang dieser Massregel durch die Errichtung eines grossen Schlachthauses im Anschluss an den hauptstädtischen Viehmarkt gemacht worden. In der That müssen die mannigfachen Missstände, welche mit Privatschlachthäusern verbunden zu sein pflegen, überall empfunden werden, und ist auch deren Aufhebung im allgemeinen Interesse als dringend wünschenswerth anerkannt. Gleichwohl erheben die Londoner Schlächter hiergegen einstimmig den heftigsten Widerspruch und beweisen thatsächlich durch die äusserst geringe Benutzung des vortrefflich eingerichteten, öffentlichen Schlachthauses zu Islington, obgleich die dafür zu zahlenden Gebühren nicht hoch sind [1]), ihre Abneigung, sich anderer, als Privatschlachthäuser zu bedienen.

Da diese Angelegenheit, wir meinen die Frage der öffentlichen Schlachthäuser, auch in den grösseren Städten Deutschlands das allgemeine Interesse erregt, so möge auf dieselbe hier noch mit einigen Bemerkungen eingegangen und namentlich die von den Londoner Schlächtern gegen dergleichen Institute vorgebrachten Gründe angeführt werden. Diese behaupten nämlich, dass durch die Beseitigung der Privatschlachthäuser ihnen wesentliche Nachtheile zugefügt werden würden. Das Schlachten des Viehes, welches sie in ihren Privatschlachthäusern durch ihre eigenen Leute ohne besondere Kosten vornehmen lassen, würde durch öffentliches Schlachten vertheuert werden, wozu noch die nicht unbedeutenden Kosten kämen, die für das Fuhrwerk zum Abholen des in dem öffentlichen Schlachthause geschlachteten Viehes gerechnet werden müssten. Noch schwerer aber als dieses falle in die Wagschale, dass für Jeden das Schlachten des

---

1) Die Kosten des Schlachtens in dem für Rechnung der City geführten Schlachthauses, wozu die Leute von diesem selbst gestellt werden, sind folgende:

Für ein Stück Grossvieh . . 4 s. (1 Thlr. 10 Sgr.)
Für ein Schaf oder Schwein . 1 s. (10 Sgr.)
Für ein Kalb . . . . 2½ s. (25 Sgr.)

Viehes durch seine eigenen Leute sauberer und besser ausgeführt werde, was namentlich für die sichere Ausnutzung der Abfälle von besonderer Wichtigkeit sei. Ausserdem habe man es, da der Fleischbedarf je nach der Witterung und anderen Umständen ziemlich wechsele, nur bei der Benutzung eigener Schlachthäuser ganz in der Hand, das Schlachten zur augenblicklichen Befriedidigung des jedesmaligen Bedürfnisses sofort schnell auszuführen. Auf diese Weise allein lasse sich stets frische, gute Waare liefern, während im andern Falle das Fleisch, zumal bei heisser Witterung, sehr leiden, zum Theil sogar in Verderbniss übergehen würde und somit Nachtheile sei es für Käufer, sei es für Verkäufer, sei es für Beide in Aussicht ständen. Endlich aber sei man nur in den Privatschlachthäusern, wo das Schlachten unter persönlicher Controle stattfinde, gegen Diebstahl, namentlich gegen Entwendungen von Talg, dessen Menge bei den einzelnen Thieren bekanntlich so sehr schwanke, geschützt. Man kann von einzelnen Schlächtern, wie diess aus persönlicher Erfahrung versichert werden kann, die Behauptung hören, dass, alle diese Nachtheile zusammengenommen, der Verlust beim Schlachten in öffentlichen Schlachthäusern beim Grossvieh auf 30 s. (oder 10 Thlr.) und beim Kleinvieh auf 3 s (1 Thlr.) fürs Stück angeschlagen sei. Sollten wirklich diese Nachtheile so erheblich sein, so würde allerdings, wie eine einfache Rechnung ergiebt, der jährliche Verlust bei der ausserordentlichen Menge des in London gebrauchten Schlachtviehes eine ganz enorme Höhe erreichen. Folgender Ueberschlag ergiebt diess: Nehmen wir die Zahl des wöchentlich in London zur Schlachtbank gebrachten Viehes nur zu 6000 Stück Grossvieh und 30,000 Stück Kleinvieh an, so würde der Ausfall nach obigen Sätzen wöchentlich 13,500 £, mithin jährlich 702,000 £ oder nach unserm Gelde in runder Summe 4 Millionen 700,000 Thlr. betragen. Diese Summe nun, um welche durch das Schlachten in öffentlichen, statt in den bis jetzt gebräuchlichen Privat-Schlachthäusern das Fleisch höher zu stehen käme, würde als Vertheuerung desselben von dem consumirenden Publikum zu zahlen sein: ein Umstand, welcher gar sehr der Erwägung werth erscheint und ohne den sich der energische Widerstand, welchen das ganze Schlächtergewerbe Londons gegen die Einführung öffentlicher Schlachthäuser leistet, in der That nicht erklären liesse. So bildet denn die Errichtung der Letztern nur noch eine offene Frage, auf deren nähere Erörterung wir hier nicht eingehen wollen, indem wir uns nur auf die Bemerkung beschränken, dass für deren Einführung wenigstens in grossen Städten immerhin Gründe genug sprechen, wie wir sie denn schon hie und da angeführt finden. Was aber London betrifft, so ist es freilich wahr, dass die Aufhebung der Privatschlachthäuser eine gewaltige Veränderung der dort bestehenden Verhältnisse zur Folge haben müsste, was denn wiederum nicht ohne manche Schwierigkeiten, Umstände und Verluste würde abgehen können. Insbesondere würden die Kleinschlächter bei ihrem sehr wechselnden Fleischbedarf für den Detailverkauf dabei leiden, die Grossschlächter dagegen, welche die ganzen ausgeschlachteten Thiere auf den Fleischmärkten oder direct von ihrem Hause aus verkaufen, viel weniger davon betroffen werden. Nichtsdestoweniger ist der Plan zur Errichtung öffentlicher Schlachtanstalten auch für London neuerdings wieder in Erwägung gezogen und sind die dagegen gemachten triftigen Einwendungen keineswegs aufgegeben. Es versteht sich, dass bei der ausserordentlichen Ausdehnung der Stadt die Vertheilung der Schlachthäuser an verschiedenen Stellen ein unabweisbares Erforderniss wäre und dass solche in verschiedene Vorstädte verlegt werden müssten. Um aber überhaupt zur Ausführung schreiten zu können, wäre es vorher nöthig, die Grossschlächter im allgemeinen Interesse zum Aufgeben ihrer Privatschlächtereien zu bestimmen, was eben bisher noch nicht hat erzielt werden können.

IV. Die Fleischmärkte Londons.

Neben dem oben geschilderten grossen Viehmarkte bestehen in London drei, sämmtlich in der City gelegene Fleischmärkte, nach den Gegenden, wo sie liegen, Newgate, Leadenhall und Whitechapel genannt. Von diesen ist der zuerst genannte der bei weitem bedeutendste, indem er stärkern Verkehr darbietet, als die beiden andern zusammengenommen. Da die Einrichtungen dieser Fleischmärkte in London von den in unsern grossen Städten befindlichen in mancher Hinsicht wesentlich verschieden sind, ist derselben hier zu gedenken, um so mehr, als die nähere Kenntniss für etwaige Fleischsendungen, welche vom Auslande geschehen, von nicht geringer Wichtigkeit ist.

Mit Ausnahme der Sonn- und Festtage werden die Fleischmärkte in London täglich abgehalten, wobei sie unter der regelmässigen strengen Controle von Marktinspectoren stehen. Diese haben die Pflicht, zum Schutze des Publikums die gute Beschaffenheit des feilgebotenen Fleisches zu prüfen und alles in Folge mangelhafter Verpackung, schlechter Aufbewahrung oder sonstwie verdorbene Fleisch sofort zu confisciren. Ein Detailverkauf findet auf den Märkten nicht statt; vielmehr werden die ausgeschlachteten Thiere (carcases) nur entweder ganz oder in Viertel zertheilt abgegeben. Die Versorgung des Marktes geschieht vorzugsweise durch die Grossschlächter, welche sich eben, wie schon oben bemerkt wurde, auf den Ausverkauf des Fleisches in detail nicht einlassen; dazu kommen aber noch bedeutende Fleischsendungen von ausserhalb. Ist auf diese Weise der Einzelverkauf von den Fleischmärkten ausgeschlossen, so versteht es sich, dass die Kunden und Abnehmer auf denselben die Kleinschlächter sind, die selbst nur eine sehr geringe Zahl Vieh schlachten, ferner die Fleischhändler, die den Bedarf für ihre Verkaufsläden, ohne selbst zu schlachten, dort ankaufen und endlich die oben erwähnten Fleischlieferanten. Ausser diesen Klassen von Londoner Käufern beziehen Schwester- und Provinzialstädte theilweise noch ihren Bedarf an Fleisch von den genannten drei grossen Märkten der Hauptstadt. Kein Wunder daher, dass der Verkehr auf denselben ein ganz ausserordentlicher ist, wie schon aus dem Umstande hervorgeht, dass mehr als drei Viertel des ganzen Londoner Fleischbedarfs dort zum Verkauf gebracht wird.

Hinsichtlich dieses Verkaufs nun besteht die eigenthümliche Einrichtung, dass derselbe fast ausschliesslich durch Commissionäre, sogenannte dead meat sales men, vermittelt wird. Selbst von den Grossschlächtern Londons haben nur einige ihren eigenen Verkaufsladen auf dem Markte; die meisten ziehen es vor, das Fleisch durch die Commissionäre (Salesmen) zum Verkauf zu bringen. In deren Händen liegt somit das ganze Verkaufsgeschäft und zwar wird es so betrieben, dass die Salesmen Verkaufsstände auf dem Markte innehaben, welche sie von der City miethen. Der Miethpreis für diese ist auf den einzelnen Märkten verschieden, er beträgt in Newgate 30 s.; in Leadenhall dagegen nur 12—15 s. Ausserdem ist die City berechtigt, für das zum Verkauf gebrachte Fleisch eine Marktgebühr zu erheben, welche nach den gesetzlichen Bestimmungen $1/4$ englischen Pfennig (gleich $2^1/_2$ Pfennig Preuss.) für je 21 ℔ Fleisch beträgt. Hat man bisher davon Abstand genommen, diese letztere Abgabe zu erheben, so wird doch beabsichtigt, dazu zu schreiten, so bald die Einrichtung eines neuen grossen Fleischmarktes, welche im Werke ist, erfolgt sein wird.

Die Salesmen erhalten für die Vermittelung des Fleischverkaufs bestimmte Commissionsgebühren, nämlich 1 d. (10 Pf. Preuss.) auf den Stein von 8 Pfund, wofür sie jedoch alle sonstigen Ausgaben als Standgeld u. s. w. tragen müssen. Bei dieser Art und Weise des Verkaufs wird nun in der That ein grosses Vertrauen in die Redlichkeit der Commissionäre gesetzt, zumal bei den jetzigen

Einrichtungen eine irgendwie zuverlässige Controle nicht zu ermöglichen ist. Einerseits nämlich wird in den Seitens der Salesmen über den Erlös aufgestellten Berechnungen der Name des Käufers nicht vermerkt; andrerseits lässt sich aber auch aus den täglich veröffentlichten Notirungen über die Fleischpreise kein zuverlässiges Urtheil über die Richtigkeit der gemachten Geldberechnung gewinnen. Denn indem die Angaben der Fleischpreise je nach der Qualität der Waare fast um das Doppelte schwanken, bieten auch sie nicht den gehörigen Anhalt. Dazu kommt noch, dass die Ermittlung der Fleischpreise zwar durch den Marktvorsteher, aber ausschliesslich nach den Angaben der Commissionäre geschieht, in deren Interesse es natürlich liegt, die Preise möglichst niedrig anzugeben. Man rühmt im Allgemeinen die Redlichkeit der Salesmen und glaubt sich auf sie verlassen zu dürfen, da es ihnen daran liegen müsse, durch reelle Bedienung sich die Kundschaft zu erhalten. Auch erblickt man gerade in der erheblichen Concurrenz der Salesmen den hauptsächlichsten Schutz gegen Uebervortheilung. Uebrigens wird die Misslichkeit dieser Verkaufsart von den Betheiligten sehr wohl gefühlt, wesshalb man auch verschiedene Schutzmassregeln in Vorschlag gebracht hat. Zunächst dringt man darauf, dass in den Geldberechnungen die Namen der Käufer bemerkt werden. Ferner wünscht man, dass die täglichen Preisnotirungen von einer gemischten Commission aufgenommen werden, die ausser von Commissionären auch aus Käufern unter dem Vorsitze des Marktvorstandes gebildet wird. Die Durchführung solcher oder ähnlicher Massregeln dürfte namentlich im Interesse derer sein, die vom Auslande her Fleischsendungen nach London vornehmen: ein Punkt, auf den wir wegen seiner besondern Wichtigkeit später zurückzukommen gedenken.

Obgleich das eigentliche Geschäft der Salesmen nur in dem Verkaufe des ausgeschlachteten Fleisches besteht, so übernehmen dieselben doch auch ausnahmsweise ihnen direct zugesandtes lebendes Vieh, um es in London nach

Bedürfniss schlachten zu lassen und dann ausgeschlachtet auf den Märkten zu verkaufen. Es geschieht dies jedoch nur in der heissen Jahreszeit, wenn Gefahr vorhanden ist, dass das aus weiter Entfernung nach London gesandte Fleisch einer Verderbniss unterliegen könnte. Da die Entfernung der drei Fleischmärkte von einander nicht eben gross ist, so kann es nicht Wunder nehmen, dass sich die Fleischpreise, zu deren näherer Besprechung wir in einem der nächsten Abschnitte übergehen werden, auf allen dreien immer ziemlich gleich stellen. Wird z. B. eines Tages auf dem Newgate Market eine ausserordentlich grosse Menge Fleisch feilgeboten und droht der Preis dadurch gedrückt zu werden, so kommt dies bald zur Kenntniss der Käufer auf den andern Märkten, die sich dann beeilen, an den Vortheilen des dortigen starken Angebotes Theil zu nehmen und sofort durch die stärkere Nachfrage eine Ausgleichung der Preise wiederum herbeiführen.

Trotz des ansehnlichen Umfanges der jetzt in London bestehenden drei Fleischmärkte und der ausgezeichneten Ordnung, welche auf ihnen herrscht sind dieselben für den ausserordentlich gesteigerten Verkehr und Bedarf der Hauptstadt nicht mehr ausreichend. Man hatte deshalb schon seit mehreren Jahren auf eine Erweiterung derselben oder auf zweckmässigen Ersatz Bedacht genommen. In letzterer Beziehung wurde von allen Betheiligten der dringende Wunsch ausgedrückt, zur Erleichterung des Geschäftsverkehrs wie für das lebende Vieh so auch für das Fleisch e i n e n grossen Markt zu errichten, der für diesen Zweck alle die Vortheile gewähren könnte, welche der Metropolitan Cattle Market für den Viehverkauf darbietet. Es ward zu diesem Ende der früher als Viehmarkt benutzte, in der City gelegene Smithfield Market in Vorschlag gebracht. Da derselbe allen Anforderungen, die gestellt werden konnten, entsprach, hat im vorigen Jahre die Corporation der City den Entschluss gefasst, auf ihm einen allgemeinen Fleischmarkt zu errichten, und sind die zu dessen Ausführung nöthigen Vorarbeiten bereits so weit gefördert, dass die Eröffnung desselben im Sommer 1868 erfolgen wird. Zur Erleichterung des in Aussicht stehenden grossartigen Verkehrs wird in unmittelbarer Nähe des Smithfield Marktes eine Station der unterirdischen Eisenbahn, die zugleich mit dem Viehmarkt in Islington in directer Verbindung steht, eingerichtet werden. So wird denn nach Ausführung dieses Unternehmens London gleich seinem Weltviehmarkt auch einen Weltfleischmarkt besitzen.

V. Die Versorgung Londons mit Fleischsendungen von Aussen.

Da London während einer kurzen Periode, wo der Rinderpest wegen der Transport lebenden Viches auf Landstrassen und Eisenbahnen untersagt war, mit ausgeschlachtetem Fleisch leicht und reichlich versorgt worden war, so wurde die schon früher angeregte Frage von Neuem aufgeworfen, ob die Stadt nicht überhaupt ausschliesslich mit auf dem Lande geschlachtetem Vich versehen und der Viehmarkt somit ganz aufgegeben werden könne. Wenn dieser wegfiele, so argumentirte man, würden die Verbreitung ansteckender Krankheiten und sonstige Nachtheile, als namentlich die durch das Viehtreiben auf den Strassen herbeigeführten Störungen des Verkehrs, ferner der nachtheilige Einfluss der zahlreichen Privatschlächtereien auf den Gesundheitszustand der Stadt und andere Gefahren, die aus dem Zusammenhäufen grosser Viehmassen entspringen, gänzlich vermieden werden. Ja, man behauptete, dass das auf dem Lande — an Ort und Stelle — geschlachtete Vieh wenn auch nicht immer schön aussehendes, doch im Grunde besseres und jedenfalls haltbareres Fleisch liefere, als dasjenige, welches man von den in der Stadt geschlachten Thieren erhalte [1]).

Gegen die Aufhebung des Viehmarktes lassen sich indessen sehr gewichtige Gründe geltend machen, deren Ausdruck wir auch schon in der Thatsache finden, dass Rindfleisch und Hammelfleisch von Thieren, die in Schottland, Nord-England u. s. w. geschlachtet sind, stets 2 englische Pfennige auf den Stein weniger bringen, als Fleisch, das von in London geschlachtetem Vieh kommt — ein Preisunterschied, der auf den ganzen Ochsen 1 £ ($6^2/_3$ Thlr.), auf das Schaf 2 s. (20 Sgr.) beträgt. Dieser Schaden ist es jedoch nicht allein, der mit der Aufhebung des Viehmarktes in London verbunden sein würde. Versuchen wir im Einzelnen die Gründe, welche gegen die Fleischsendungen statt der Viehsendungen sprechen, auseinanderzusetzen.

Vor allen Dingen stellen sich die Transportkosten des Fleisches erheblich höher, als die des lebenden Viehes. So kostet beispielsweise von Aberdeen in Schottland der Eisenbahntransport für einen Ochsen 1 £ ($6^2/_3$ Thlr.), während für den Centner Fleisch 3 s. (1 Thlr.) gezahlt werden. Bei einem Schlächtergewicht von 8—10 Ctr. betragen demnach die Transportkosten des Fleisches eines ausgeschlachteten Ochsen 24—30 sh. (8—10 Thlr.). Ja, man kann im Allgemeinen annehmen, dass ein Ochse auf Eisenbahn oder Dampfschiff für 1 £ ($6^2/_3$ Thlr.) über 200 englische Meilen versandt werden kann, während das ausgeschlachtete Thier für die gleiche Entfernung, wenn

---

[1] Was diesen Punkt anbetrifft, so scheint die Ursache der Verschlechterung des Fleisches von in der Hauptstadt geschlachteten Thieren darin zu liegen, dass das Vieh beim Transporte nach dem Markte in einen mehr oder weniger fieberhaften Zustand geräth und in Folge dessen häufig an Unverdaulichkeit leidet. In diesem Zustande geschlachtet, liefert es dann erfahrungsmässig weniger haltbares Fleisch. Dieser Uebelstand ist aber dadurch zu beseitigen, dass man dem Vieh nach seinem Ankauf einige Tage sorgfältige Pflege und gehörige Ruhe angedeihen lässt, ehe man es schlachtet.

man das Gewicht zu 800 Pfund annimmt, mehr als das Doppelte, unter Umständen sogar viermal so viel kosten würde.

Dazu kommen nun zweitens die Commissionsgebühren, welche sich beim Verkauf des Fleisches höher stellen, als beim lebenden Vieh. Wie später gezeigt werden wird, betrugen die letzteren bisher 3 s. (1 Thlr.) per Haupt und sind erst seit diesem Jahre auf 4 s. (1^1/$_3$ Thlr.) erhöht worden. Wird dagegen nach dem oben Angeführten auf den Fleischmärkten für den Stein à 8 Pfund 1 d. (10 Pf.) bezahlt, so würde diess für dasselbe Thier, zu 100 Stein gerechnet, 8^1/$_3$ s. (2 Thlr. 23 Sgr.), also mehr als das Doppelte betragen.

Aber es sind drittens auch die Abfälle der ausgeschlachteten Thiere, als Herz, Leber, Füsse, Eingeweide, welche die Kosten eines irgend weiteren Transportes nicht lohnen, in der Regel auf dem Lande schlechter zu verwerthen, als in London, wo sie bei der armen Bevölkerung stets auf einen guten Absatz zu rechnen haben.

Ausserdem sind bei den Fleischsendungen noch in doppelter Hinsicht Verluste zu besorgen, ganz abgesehen von den bisher berührten Nachtheilen. Einmal nämlich leidet das Fleisch selbst bei der sorgfältigsten Verpackung auf jedem irgend wie weitern Transport und kann theilweise sogar in Verderbniss übergehn. Es wird daher versichert, dass auf den Fleischmärkten in Newgate und Leadenhall sich das von ferne gesandte Fleisch gegen das in der Stadt frisch geschlachtete im Preise pro Stein à 8 ℔ gewöhnlich um folgende Beträge niedriger stelle: Ochsenfleisch um 6 - 8 d. (5—7 Sgr.), Schaffleisch um 11—14 d. (etwa 9 - 11^1/$_2$ Sgr.); Lammfleisch um 11—16 d. (etwa 8—12^1/$_2$ Sgr.); Kalbfleisch um 8—12 d. (etwa 7—10 Sgr.); Schweinefleisch um 2 d. (1^2/$_3$ Sgr.). Diese Preisunterschiede bedingen für grössere Fleischmengen einen erheblichen Ausfall. Dazu kommt noch ein anderer Uebelstand bei den Fleischsendungen zur Erwägung. Der Fleischbedarf der Hauptstadt ist nämlich sehr schwankend, und in Folge eines eintretenden starken Angebotes kann den Verkäufer mittelbar dadurch Verlust treffen, dass die Fleischzusendung unbedingt selbst zu den niedrigsten Preisen verkauft werden muss. Aus allen diesen Gründen findet das Versenden ausgeschlachteten Fleisches weder bei den Schlächtern Londons noch bei den Farmern auf dem Lande Anklang, und allgemein zieht man es vor, das Mastvieh auf dem Metropolitan-Markt zu verkaufen, damit es dann in der Hauptstadt geschlachtet werde. Einer der bedeutendsten Farmer Norfolk's Mr. Hudson, zu Castle Acre, hat mehrfach versucht, auf dem Newgate Market ausgeschlachtetes Vieh zu verkaufen, ist aber wegen erheblichen Verlustes, der sich für ihn hierbei ergab, sehr bald gänzlich davon zurückgekommen. Nach seinen Angaben betrugen Transport- und Verkaufskosten eines lebenden Ochsen 19 s. (6^1/$_3$ Thlr.), die eines ausgeschlachteten Thieres von gleichem Gewicht 35—39 s. (11^2/$_3$ — 13 Thlr.). Werden ausserdem noch die andern Nachtheile, als schlechtere Verwerthung der Abfälle, Gefahr der Fleischverderbniss beim Transport etc. in Anschlag gebracht, so lässt sich nach Hudson der Gesammtverlust bei Thieren im Werthe von 28 £ (187 Thlr.) auf 5 £ (33^1/$_3$ Thlr.), ja unter Umständen auf 10 £ (66^2/$_3$ Thlr.) schätzen. In gleicher Weise haben die vor einer Commission des Parlaments vernommenen Fleischer erklärt, dass es unmöglich sein würde, ihr Gewerbe in heissem Wetter zur Befriedigung des Publikums der Hauptstadt fortzuführen, wenn der Markt für lebendes Vieh abgeschafft würde. Endlich lässt sich auch voraussehen, dass bei ausschliesslichen Fleischsendungen der Markt unregelmässig versorgt und dadurch grosse Preisschwankungen entstehen würden. Diess würde um so mehr der Fall sein, je unregelmässiger der tägliche Fleischbedarf wäre und je weniger die Befriedigung dieses schwankenden Bedürfnisses anders, als durch den Ankauf von lebendem Vieh, das nach Erforderniss geschlachtet wird, in regelmässig erwünschter Weise bewerkstelligt werden könnte.

Die oben erwähnte zur Untersuchung der Frage

über die Aufhebung des Viehmarktes eingesetzte Commission hat sich aus diesen Gründen denn auch dahin ausgesprochen, dass der Markt für lebendes Vieh der Hauptstadt wie aller grossen Städte ein dringendes Bedürfniss sei und gewissermassen als Regulator für die Gleichmässigkeit der Fleischpreise und als Garantie der ausreichenden Befriedigung des Bedürfnisses nach Fleisch angesehen werden müsse.

Werfen wir die Frage auf, welches die Menge des von Aussen her nach London gebrachten Fleisches sei, so ist vorab zu bemerken, dass die genaue Ermittlung darüber ausserordentliche Schwierigkeiten hat, wie überhaupt die genaue Feststellung des Fleischverbrauchs der brittischen Hauptstadt. Um unseren Lesern aber wenigstens einige Anhaltspunkte darüber zu geben, bemerken wir über den Fleischverbrauch Londons Folgendes. Es ist eine bekannte Thatsache, dass der Fleischconsum in England erheblich grösser ist, als in anderen civilisirten Ländern. Nach H. Meidinger [1]) wird derselbe im Durchschnitt auf 134 Pfund per Kopf jährlich geschätzt und zwar in den grösseren Städten mehr als in den kleineren, ebenso mehr bei der Manufactur-Bevölkerung, als bei der ländlichen. Nehmen wir den Fleischverbrauch der Metropole nur zu 134 Pfund per Kopf jährlich oder etwas über $1/3$ Pfund täglich an, wobei wir von dem Consum an Geflügel und Wildpret absehen, so stellt sich bei einer Einwohnerzahl in runder Summe von 3 Millionen [2]) der Fleischconsum per Jahr auf 4,020,000 Centner oder täglich 11,040 Centner. Angenommen nun, dass dieser tägliche Fleischbedarf Londons ausschliesslich durch Rind- und Schaffleisch und zwar zu $2/3$ durch ersteres und $1/3$ durch letzteres gedeckt werde, so würden 7360 Centner Rindfleisch und 3680 Centner Hammelfleisch pro Tag er-

---

1) H. Meidinger, Das brittische Reich in Europa, Leipzig 1851. Seite 120.

2) Nach der Zählung vom 8. April 1866 betrug die Einwohnerzahl Londons 3,054,940 Personen.

forderlich sein. Setzen wir ferner das durchschnittliche Schlächtergewicht vom Haupt Grossvieh zu 7 Centner, das des Schafes zu 70 Pfund, so würden zur Deckung des Fleischbedarfs nöthig sein pro Tag
1051 Ochsen
und 5247 Schafe
oder wöchentlich:
7360 Ochsen
und 36,803 Schafe.

Mit dieser Schätzung stimmen die Angaben des Dr. Letheby fast überein, der den Fleischconsum Londons jährlich auf mindestens 200,000 tons à 20 Centner oder 4,000,000 Ctr., also pro Tag in runder Summe auf 11,000 Ctr. anschlägt. Auch entsprechen diese Summen der Zahl der auf den Viehmarkt zum Verkauf gebrachten Thiere mit Hinzunahme der Fleischsendungen. Da nun die letzteren immer nur den kleineren Theil des Bedarfs der Hauptstadt liefern, der bei Weitem grösste durch Zusendungen von lebendem Vieh gedeckt werden muss, so ergiebt sich daraus die hohe Bedeutung des Metropolitan Cattle Market von Islington, dessen riesenhafte Forderungen die drei vereinigten Königreiche des Inselstaates trotz ihrer starken und zu hoher Vollkommenheit gebrachten Viehzucht nicht zu decken vermögen. So ist also London auf das Ausland für einen sehr wesentlichen Theil eines seiner wichtigsten Lebensbedürfnisse angewiesen, wobei die Freiheit des Verkehrs mit dem Continente die beste Garantie der sicheren und reichlichen Versorgung der Hauptstadt bildet. Es liegt deshalb kein triftiger Grund vor, in dieser Hinsicht beschränkende Massregeln zur Ausführung zu bringen, wie solche augenblicklich aus der durch die Rinderpest hervorgerufenen Besorgniss getroffen sind. Da England hinsichtlich der Fleischnahrung seiner Einwohner des Auslandes bedarf, so kann es unmöglich in seinem Interesse liegen, auf die Dauer den freien Verkehr mit seinen Bezugsquellen auf dem Continent zu beschränken und zu erschweren.

Kehren wir nun nach diesen Bemerkungen zu der aufgeworfenen Frage nach der Menge des von ausserhalb in die Hauptstadt gebrachten Fleisches zurück, so ist hierbei zuerst zu bemerken, dass nach dem Ausbruche der Rinderpest die Fleischsendungen im Allgemeinen bedeutend zugenommen haben. Noch vor fünf Jahren bestand nach der Angabe des Marktvorstehers Dr. Letheby die Fleischzusendung in ca. 80,000 tons à 20 Ctr., während sich dieselbe jetzt auf 120—150,000 tons gehoben hat, also ungefähr auf $1/3$ des gesammten Fleischbedarfs von London. Davon wird das Meiste durch Sendungen aus Schottland gedeckt, so aus Glasgow, Edinburgh, namentlich aber aus der Grafschaft Aberdeen, deren Rindfleisch besonders geschätzt ist. Auch noch nördlichere Gegenden Schottlands senden Fleisch nach London, während England selbst sich schwächer an dieser Art der Fleischversorgung der Hauptstadt betheiligt. In Aberdeen, der alten schottischen Universitätsstadt, giebt es Schlächter, welche regelmässig grosse Fleischsendungen ausführen, mit Ausnahme der heissen Jahreszeit, in der sie wegen der drohenden Fleischverderbniss mit den Sendungen einzuhalten gezwungen sind. In dieser Zeit verschicken sie das lebende Vieh an die Commissionäre (Salesmen) der Fleischmärkte, welche dasselbe entweder unmittelbar nach der Ankunft oder nach Bedürfniss auf Rechnung der Eigner und Committenten schlachten lassen und zum Verkauf bringen. Auch vom Auslande ist mehrfach ausgeschlachtetes Fleisch nach London versandt worden, wie dies seit dem Ausbruche der Rinderpest namentlich von Holland geschieht, welches bis dahin einen Hauptabsatz seines lebenden Mastviches auf dem Metropolitan Cattle Market in London hatte. Besonders zu erwähnen sind ferner die bedeutenden Zusendungen an Schweinefleisch aus Hamburg, welche seit einer Reihe von Jahren durch die dortigen grossen Schlachterfirmen Koopmann und Bollheimer geschehen. Hamburg bildet den Hauptabsatzort für die Mastschweine aus Schleswig-Holstein, und wie umfangreich dieser Export von Schweinefleisch nach England ist, geht daraus hervor, dass allein das erwähnte Schlächtergeschäft Koopmann durchschnittlich jede Woche 400 Stück ausgeschlachteter Schweine in Tonnen verpackt nach London befördert. Was die lebenden Schweine betrifft, die auf den Londoner Markt gebracht werden, so sei bei dieser Gelegenheit bemerkt, dass dieselben eine gewisse Schwere nicht übersteigen und zwar bis zur wärmeren Jahreszeit (Anfang Juni) nicht über 280 Pfund, und während der Sommermonate nicht über 200 Pfund lebendes Gewicht haben dürfen. Die schweren Schweine aus Schleswig-Holstein bis zu 400 Pfund haben ihren Absatz im Herbst nach Lübeck. Bei den Versendungen des Fleisches von nahegelegenen Küstenländern des Continents hält sich dasselbe, mit Ausnahme schwüler Witterung, recht gut, obgleich selbst bei der schnellsten Beförderung aus Holland ein Zeitraum von 48 Stunden vom Schlachten des Viehes bis zum Verkaufe des Fleisches erfordert wird. Zwölf Stunden nämlich sind zum gehörigen Auskühlen des Fleisches vor der Verpackung und Versendung erforderlich; dazu kommt die Zeit des Transports, der von Rotterdam bis London 18 Stunden beträgt, und der Rest von 18 Stunden muss auf die Ablieferung, das Feilhalten u. s. w. gerechnet werden. Directe Zusendungen lebenden Viehes an Commissionäre der Fleischmärkte, wie solche von Schottland aus stattfinden, kommen vom Auslande her nicht vor.

Von diesen Fleischsendungen sind natürlich die werthloseren Theile des Viehes und die eigentlichen Abfälle, welche die Transportkosten nicht lohnen, zum Theil auch leichter der Verderbniss ausgesetzt sein würden, ausgeschlossen. Die zu versendenden Theile aber, was als erste Bedingung zur Erhaltung der guten Qualität des Fleisches gilt, müssen vor der Verpackung vollkommen ausgekühlt und diese sodann möglichst sorgfältig vorgenommen werden. Als beste Art der Verpackung sieht man diejenige an, die in Tüchern geschieht, während bei Zusammenhäufung des Fleisches in Körben diess sehr zu leiden pflegt. Dass übrigens trotz aller Sorgfalt und Vorsicht viel Fleisch, besonders in der warmen Jahreszeit, auf dem Transporte verdirbt, beweisen die über diesen Punkt von dem Marktvorsteher Dr. Letheby mitgetheilten Zahlen.

Es wurde nach seinem amtlichen Berichte [1]) confiscirt auf allen drei Fleischmärkten

	1861	1862	1863	1864	1865
An Fleisch von gefallenem Vieh ..	33,619 ℔	13,944 ℔	20,324 ℔	43,497 ℔	27,393 ℔
An Fleisch von krankem Vieh ..	91,098 »	78,679 »	114,120 »	96,779 »	124,614 »
Verdorben. Fleisch	16,741 »	17,423 »	76,061 »	88,904 »	95,820 »
Im Ganzen also ..	141,458 ℔	110,046 ℔	210,505 ℔	229,180 ℔	247,827 ℔

Demnach betrug die in den letzten 5 Jahren auf den Fleischmärkten als ungeniessbar confiscirte Fleischmenge in runder Summe eine Million Pfund, wovon c. 400,000 Pfund auf verdorbenes Fleisch von gesunden Thieren und der Rest auf Fleisch von krankem und gefallenem Vieh kommen. Wichtig ist dabei die Angabe dieses Berichterstatters, dass fast alles von gesundem Vieh herrührende, aber auf den Märkten als verdorben confiscirte Fleisch nicht von dem in London, sondern von dem auf dem Lande geschlachteten Vieh herrühre. Der Schluss, der sich hieraus ziehen lässt und der auch die Meinung des Marktvorstehers selbst ausdrückt, ist, dass eine grössere Ausdehnung der Fleischzusendungen vom Lande weder rathsam, noch auch wahrscheinlich sei.

1) Report from the select committee on trade in animals etc. Ordered by the house of commons to be printed 19. July 1866. pag. 321.

VI. Die Fleisch- und Viehpreise in London.

Die Erörterung der Londoner Fleisch- und Viehpreise und deren Verhältniss zu den Preisen der Länder des Continents nimmt bei der Beurtheilung der Vortheile, welche der Londoner Viehmarkt dem Auslande gewährt, unser besonderes Interesse in Anspruch. Was zunächst die Fleischpreise betrifft, so ist zu unterscheiden zwischen den Preisen, welche auf den Fleischmärkten beim Ankauf von ganzen ausgeschlachteten Thieren oder doch wenigstens von ganzen Viertheilen derselben gezahlt werden — wir können diese Engrospreise nennen — und denjenigen Preisen, welche beim Einzelverkauf des Fleisches erzielt werden — letztere sind als Detailpreise zu bezeichnen. In Bezug auf beide Klassen von Fleischpreisen muss nun vor allen Dingen die merkwürdige Thatsache constatirt werden, dass sie in London durchschnittlich niedriger sich stellen, als in allen anderen grösseren Städten Englands. Die Ursache dieser frappanten Erscheinung ist, dass in der Hauptstadt, die für den See- wie Landtransport vom Auslande her ausserordentlich günstig liegt, die Viehzusendungen des Continents sich concentriren. Jener Preisunterschied ist so bedeutend, dass in einzelnen Städten Englands das Fleisch auf das Pfund um 2 d. (1 Sgr. 8 Pf.) theurer bezahlt wird, als in London. Als zweite Eigenthümlichkeit der Londoner Fleischpreise verdient hervorgehoben zu werden, dass, von der im Laufe der Jahre allmählig eingetretenen Preissteigerung abgesehen, bedeutende Schwankungen selbst nicht stattfinden, wie unfehlbar der Fall sein würde, wenn London von den Fleischmärkten allein für seinen Bedarf abhängig wäre. Da es ausser den Fleischmärkten noch seinen grossen Viehmarkt besitzt, so tritt dieser als Preisregulator ein, indem das dort gekaufte Vieh nach Bedarf geschlachtet und dadurch das Auf- und Abgehen der Preise vermieden wird. Um nun die Detailfleischpreise Londons zu beurtheilen, wird es nützlich sein, einen Blick auf die Art und Weise des Londoner Fleischhandels zu werfen, der, wie in England überhaupt, so besonders in dessen Hauptstadt sich auf einer hohen Stufe der Ausbildung befindet. Die Hauptsache dabei ist, dass das Fleisch als Waare gilt und der Qualität nach bezahlt wird. Und zwar gilt dies nicht bloss von der Güte der verschiedenen Schlachtstücke, sondern ganz besonders von der verschiedenen Qualität der einzelnen Körpertheile desselben Stückes. Die Fleischzerlegung und Sortirung ist in London, weil es dort so sehr verschiedene Klassen von Abnehmern giebt, mehr als in irgend einer anderen Stadt und als auf dem Lande der Fall ist, ausgebildet. Man unterscheidet dort in der Regel je nach den verschiedenen Körpertheilen vier Hauptklassen des Fleisches, deren jede wieder in 3—5 Unterabtheilungen zerfällt: diesen Abstufungen gemäss wechselt der Preis des Fleisches von einem und demselben Stück von 16 Sgr. bis $1\frac{1}{2}$ Sgr. auf das Pfund. Einer so sorgfältigen Fleischzerlegung und der dadurch ermöglichten höheren Verwerthung der besseren Fleischstücke ist es zuzuschreiben, dass in London die geringeren Theile des Viehes (coarse parts) wiederum erheblich billiger an die arbeitenden Klassen verkauft werden, als es auf dem Lande geschieht. Diese übrigens durch ganz Grossbrittannien mehr oder weniger ausgebildete und in den Städten wenigstens allgemein eingeführte Verkaufsweise des Fleisches nach der Qualität ist als eine vortreffliche Einrichtung zu betrachten, die sich als gleich nützlich für den Producenten, wie für den Consumenten erwiesen hat, und deren Nachahmung auch bei uns sehr zu wünschen wäre, wie solches auch schon zu wiederholten Malen empfohlen worden ist. Gewiss sind dieser Einrichtung nicht zum geringsten Theile die grossen Fortschritte der englischen Viehzucht zuzuschreiben; und andererseits wird dadurch den arbeitenden Klassen des Volkes der Genuss der Fleischnahrung bedeutend erleichtert, auf den sie bei uns so oft verzichten müssen.

Uebrigens sind die Fleischpreise beim Detailverkauf in London sich durchaus nicht überall gleich; eine Thatsache, auf welche namentlich folgende Umstände Einfluss üben.

Zunächst wirken darauf die Engrosfleischpreise ein, zu denen die Kleinschlächter und Fleischhändler auf den Fleischmärkten ihren Bedarf einkaufen, und welche nicht überall dieselben sind. Sodann hangen die Detailpreise von dem Gutdünken der Schlächter selbst ab, welche, ihrer Handelsfreiheit sich bewusst, begreiflicher Weise auf ihre Waare den höchsten Preis setzen, den sie fordern zu dürfen glauben, ohne Gefahr zu laufen, ihre Kundschaft zu beeinträchtigen; dadurch wird gleichfalls eine Verschiedenheit der Fleischpreise bedingt. Diese richten sich ferner auch nach der Verschiedenheit der Stadttheile, je nach dem Grade der Wohlhabenheit derer, welche sie bewohnen. In den aristokratischen Stadtvierteln ist das Fleisch theurer, als dort, wo der Mittelstand oder gar die niederen Stände, die Arbeiter und die Armen, vorherrschen. So darf es nicht Wunder nehmen, wenn beim Einzelverkauf die Fleischpreise des Detailhandels selbst an demselben Tage in den verschiedenen Theilen Londons sehr verschieden sind.

Wegen dieser grossen Verschiedenheit in den Detailfleischpreisen lässt sich zwischen ihnen und den Engrosfleischpreisen, welche letztere für ein ganzes ausgeschlachtetes Thier oder wenigstens für ganze Viertheile bezahlt werden, nur schwer ein Vergleich ziehen. Wir bemerken daher nur soviel, dass im Ganzen und Grossen genommen, wie allgemein angenommen wird, der Kleinschlächter oder Fleischhändler im Detailverkaufe durch geschickte Zerlegung und Sortirung des Fleisches es dahin bringen kann, das Pfund durchschnittlich $1\frac{1}{2}$ bis 2 d. (15—20 Pf.) höher zu verwerthen, als der Engroseinkaufspreis betrug.

Trotzdem die englische Viehzucht wesentliche Fortschritte gemacht und die Einfuhr fremden Viches nach London ausserordentlich zugenommen hat, haben die Fleischpreise daselbst im Laufe der Zeit eine erhebliche Steigerung erfahren. Es ist diess hauptsächlich der rapiden Zunahme der Bevölkerung und daneben auch der Vermehrung des Wohlstandes zuzuschreiben, welche immer weiteren Kreisen des Volkes die Mittel zur Fleischnahrung gewährt. Im Laufe der letzten 15 Jahre hat die Steigerung der Fleischpreise des Detailhandels ungefähr 50 % betragen, für deren allmähliges Eintreten ein vor Kurzem in der Times veröffentlichtes Schreiben eines Privatmannes einen interessanten Beleg giebt. Derselbe hat nämlich während der letzten 15 Jahre alles in seiner Haushaltung verbrauchte Fleisch dem Gewicht und Preise nach genau notirt und daraus einen wöchentlichen wie auch jährlichen Durchschnittspreis berechnet. Letzterer stellt sich für das Pfund folgendermassen:

1852 auf 5¾ d. oder 4 Sgr. 9 Pf.
1853 „ 6 „ „ 5 „ — „
1854 „ 6½ „ „ 5 „ 5 „
1855 „ 6¾ „ „ 5 „ 8 „
1856 „ 7 „ „ 5 „ 10 „
1857 „ 7¼ „ „ 6 „ — „
1858 „ 7 „ „ 5 „ 10 „
1859 „ 7¼ „ „ 6 „ — „
1860 „ 7¾ „ „ 6 „ 5 „
1861 „ 7½ „ „ 6 „ 3 „
1862 „ 7½ „ „ 6 „ 3 „
1863 „ 7½ „ „ 6 „ 3 „
1864 „ 8 „ „ 6 „ 8 „
1865 „ 8¼ „ „ 6 „ 10 „
1866 „ 8¾ „ „ 7 „ 3 „

Vergleichen wir mit diesen Zahlen unsere Fleischpreise, so stellt sich heraus, dass auch bei uns eine mindestens entsprechende Preissteigerung stattgefunden hat, wenngleich absolut genommen die Preise des Fleisches niedriger stehen, als in England. Zum Beleg dieses Satzes geben wir die folgende Zusammenstellung von Fleischpreisen in preussischen Städten aus dem Jahresbericht des kgl. Preussischen Landes-Oeconomie-Collegiums für 1866 Seite 57.

Im Jahre 1866 betrugen die Preise für's Pfund

				Rindfleisch		Schweinefleisch	
				Sgr.	Pf.	Sgr.	Pf.
In 13 Städten	der Provinz	Preussen		3	6	4	6
„ 8	„ „	Posen		3	8	4	6
„ 5	„ „	Brandenburg		4	6	5	—
„ 5	„ „	Pommern		3	9	5	2
„ 13	„ „	Schlesien		3	9	4	8
„ 8	„ „	Sachsen		4	9	5	3
„ 14	„ „	Westphalen		4	6	5	1
„ 15	„ „	Rheinprovinz		5	2	5	9
In 81 Marktstädten des Preussischen Staates pro 1866				4	3	5	—
In 82 Marktstädten des Preussischen Staates pro 1865				4	1	4	8

Aus dieser Uebersicht ergiebt sich, dass in einzelnen Provinzen des preussischen Staates, wie besonders in Preussen, Posen, Pommern und Schlesien die Fleischpreise um ein Beträchtliches niedriger stehen, als in England, woraus wiederum geschlossen werden kann, dass gerade von diesen Theilen Norddeutschlands mit besonderem Vortheil die Viehausfuhr nach England auszuführen ist. Allerdings kommen dabei die nicht unerheblichen Transportkosten in Berechnung, wogegen andererseits geltend gemacht werden muss, dass die höhere Ausnutzung des ausgeschlachteten Viehes durch geschickte Fleischzerlegung und Sortirung, sowie der Umstand, dass die Londoner Grossschlächter bei dem gewaltigen Umsatz ihrer Geschäfte sich auf das einzelne Stück mit einem mässigen Gewinn begnügen, dennoch die Viehausfuhr vom Continent als lohnend erscheinen lassen. In der That ist dieselbe denn auch im Laufe des letzten Jahrzehntes mächtig angewachsen und verspricht bei dem steigenden Bedarf des Londoner Marktes in der Folge noch grössere Dimensionen anzunehmen.

Zur Beurtheilung des Vortheils aber, der vom Export des Schlachtviches aus den Ländern des Continents nach England erwartet werden darf, ist die Kenntniss der Viehpreise des grossen Metropolitan-Marktes der englischen Hauptstadt noch wichtiger, als die der Fleischpreise. Wir gehen daher zu den ersteren über, wobei gleich von vorn herein bemerkt werden muss, dass die in Zeitungen veröffentlichten Angaben keinen Anspruch auf unbedingte Richtigkeit machen, sondern höchstens als Anhalt der Untersuchung dienen können. Diess gilt zunächst, wie auch schon oben bemerkt wurde, von den Fleischpreisen, findet aber ebenso gut seine Anwendung auf die Viehpreise. Die in die Oeffentlichkeit gelangenden Preisnotirungen werden nämlich von Zeitungscorrespondenten auf dem Markte selbst gesammelt, die sich meistentheils an die einseitigen Angaben der Commissionäre halten, in deren Interesse es liegt, die Preise möglichst niedrig angegeben zu sehen. Die Folge davon, dass die Preisnotirungen auf diese Weise entstehen, ist deren Unzuverlässigkeit, wie denn über die Ungenauigkeit derselben allgemein in England geklagt wird, und verschiedene Vorschläge zur Abhülfe schon gemacht wurden. Das correcteste Verfahren, um hinreichende Sicherheit über die wirklichen Preise der Märkte zu erlangen, würde jedenfalls darin bestehen, dass man die Aufzeichnung der Fleisch- wie Viehpreise durch den Vorsteher des betreffenden Marktes unter gleichzeitiger Zuziehung von Commissionären und Käufern vornehmen liesse und denselben zu gleicher Zeit für die Richtigkeit der von ihm gemachten Preisnotirungen verantwortlich machte. Welch grosses Interesse aber zuverlässige Angaben über Fleisch- und Viehpreise haben, liegt auf der Hand; sie allein können die beste Controle für die Commissionäre der Fleischmärkte und des Viehmarktes abgeben.

In folgender Tabelle geben wir eine Zusammenstellung der Preise des Rind- und Schaffleisches in London während der letzten fünfzehn Jahre, wie solche im

Journal der kgl. Landwirthschafts-Gesellschaft von England veröffentlicht worden ist. Die Preise sind je nach der Qualität des Fleisches unter drei Abtheilungen vertheilt und für den Stein (stone) von acht Pfund berechnet, welcher als allgemein angenommene Einheit des Schlächtergewichtes bei den Viehpreisen zu Grunde gelegt wird.

Rindfleisch.

	1852	1853	1854	1855	1856
	s. d.	s. d.	s. d.	s. d.	s. d.
Geringerer Qualität	2 4	2 8	3 2	3 4	2 10
Mittlerer Qualität	3 4	3 8	4 —	4 2	4 —
Bester Qualität	3 10	4 10	5 —	5 2	5 2
	1857	1858	1859	1860	1861
Geringerer Qualität	2 10	2 10	2 10	2 8	3 —
Mittlerer Qualität	3 10	4 —	4 —	4 —	4 —
Bester Qualität	4 10	5 2	5 2	5 4	5 —
	1862	1863	1864	1865	1866
Geringerer Qualität	3 2	3 4	3 6	3 8	3 10
Mittlerer Qualität	4 —	4 4	4 6	4 8	4 10
Bester Qualität	4 10	5 —	5 —	5 2	5 10

Schaffleisch.

	1852	1853	1854	1855	1856
	s. d.	s. d.	s. d.	s. d.	s. d.
Geringerer Qualität	2 10	2 10	3 2	3 6	3 6
Mittlerer Qualität	3 10	4 —	4 —	4 2	4 4
Bester Qualität	4 8	5 2	5 —	5 —	5 4
	1857	1858	1859	1860	1861
Geringerer Qualität	3 —	2 10	3 —	3 2	3 2
Mittlerer Qualität	4 2	4 —	4 2	4 6	4 6
Bester Qualität	5 4	5 2	5 2	5 10	5 8
	1862	1863	1864	1865	1866
Geringerer Qualität	3 8	3 10	3 8	4 4	4 —
Mittlerer Qualität	4 8	4 8	4 6	4 10	5 4
Bester Qualität	5 6	5 6	5 2	5 10	6 —

Vorstehende Zusammenstellung kann als Anhalt zur Beurtheilung der Londoner Viehpreise im Allgemeinen, namentlich der allmähligen Preissteigerung dienen und zeigt insbesondere, dass der Preisunterschied der drei verschiedenen Fleischsorten auf den Stein durchschnittlich einen Schilling beträgt. Es verdient übrigens bemerkt zu werden, dass eine directe und unmittelbare Beziehung der täglichen Fleischpreise auf den Fleichmärkten zu den jeweiligen Viehpreisen auf dem Markte von Islington nicht stattfindet. Beispielsweise können die Fleischpreise auf dem Newgate Markt bei starken Fleischzusendungen vom Lande und in heisser Witterung sehr niedrig stehen, während an demselben Tage in Folge anderweitiger Verhältnisse die Viehpreise auf dem Metropolitan Market sehr hoch sind.

Da es für den speciellen Zweck der vorliegenden Untersuchungen ganz besonders darauf ankam, die Preise sowohl des inländischen als des ausländischen Viehes verschiedener Qualität genau zu ermitteln, so hat der Verfasser während eines wiederholten Besuches des Londoner Viehmarktes es sich angelegen sein lassen, die von den Käufern wirklich gezahlten Viehpreise genau zu erfahren, um dadurch einen sicheren Massstab in der hochwichtigen Frage zu gewinnen, welchen Vortheil die Einfuhr des fremden Viehes zu gewähren verspricht. Nach den ihm von zuverlässigen Commissionären gemachten Mittheilungen, sowie nach eigenen Beobachtungen auf dem Markte selbst, stellten sich nun im verflossenen Herbste die Preise nach dem Schlächtergewicht wie folgt:

	Per stone à 8 Pfund engl.				Per 100 Zollpfund i. Drchschn.	
Rindvieh.	s.	d.		s. d.	Thl.	Sg.
Ochsen vorzüglichster Qualität, meist englisches und schottisches Vieh	5	4	bis	5 8	25	8
Bestes ausländisches Vieh	5	—	,,	5 4	23	22
Mittelsorte	4	—	,,	4 6	19	2
Bullen und alte Kühe	3	6	,,	3 8	16	14
Schafe.						
Vorzüglichstes englisches Vieh	5	9	,,	6 —	26	29
Mittlere Sorte	4	6	,,	5 —	21	24
Geringes Vieh	3	6	,,	3 9	16	19
Schweine.						
Je nach der Qualität	4	—	,,	5 —	20	20
Kälber.						
Je nach dem Alter und der Mastung	4	—	,,	6 —	22	29

Hiernach berechnet sich der Verkaufspreis eines gut gemästeten Ochsen bester englischer Race von 800 Pfund Schlächtergewicht, pro 100 Zollpfund mit 25 Thlr. 8 Sgr. angesetzt, auf circa 202 Thlr. Der Preis eines Schlachtstückes gleichen Gewichtes aber mittlerer Qualität, wie solches meistens vom Auslande geliefert wird, stellt sich, pro 100 Zollpfund mit 19 Thlr. 2 Sgr. berechnet, auf 152 $^{1}/_{2}$ Thlr. u. s. w.

Es ist eine sehr auffallende Thatsache, dass die Rinderpest in den letzten zwei Jahren eine erhebliche Preissteigerung des Fleisches, wie man hätte erwarten sollen, nicht hervorgebracht hat. Dass der Viehmarkt und die Fleischversorgung Londons in keinerlei Weise unter dem Einflusse der Seuche gelitten haben, muss hauptsächlich zwei Umständen zugeschrieben werden. Einmal nämlich wurden in England selbst aus Furcht vor der Rinderpest sehr viele junge Thiere zum Verkaufe gebracht und geschlachtet, welche unter anderen Verhältnissen noch zur Zucht benutzt worden wären; sodann fanden vom Auslande in der Aussicht auf einen höheren Gewinn verstärkte Zusendungen statt, welches gleichfalls auf das Niederhalten der Preise zurückwirkte. Ja, gerade in der letzten Zeit ist der Markt, was sonst selten vorkommt, dergestalt überfüllt gewesen, dass der Verkauf des ausländischen Viehes auf mehrere Markttage hinausgeschoben werden musste.

VII. Beschickung des Londoner Viehmarktes.

Wie im ersten Abschnitt bereits erwähnt worden, ist der hauptstädtische Viehmarkt von Islington allein für Schlachtvieh bestimmt und Zuchtvieh von demselben gänzlich ausgeschlossen. Nur in geringem Masse wurde er früher von magerem Vieh beschickt, sog. Store-Cattle, welches durch Farmer einzelner englischer Grafschaften, namentlich Norfolk's, Suffolk's, Lincoln's, Leicester's, Sussex's und Kent's zum Zweck der Mastung dort aufgekauft ward. Dergleichen Sendungen von magerem Vieh erfolgten namentlich von Irland, wo dasselbe auf dem grossen Viehmarkt zu Dublin durch Händler angekauft wurde, um nach London gesandt zu werden. Seltener waren die Zusendungen mageren Viehes aus Holland; sie fanden von dort nur dann statt, wenn die Weide sich nicht ergiebig genug zeigte und man sich desjenigen Theiles der Herden, welchen man nicht mästen zu können fürchtete, entledigen wollte. Nach den neueren Anordnungen aber ist es seit dem Ausbruche der Rinderpest gänzlich untersagt, den Markt von Islington mit magerem Vieh zu beschicken. Der Geschäftsverkehr desselben ist überhaupt so grossartig und belebt, dass die Ausschliessung des Zucht- und magern Viehes ohnehin wünschenswerth erscheint und nach allgemeiner Ansicht auch fernerhin stattfinden wird.

Bei der kurzen Beschreibung des Metropolitan Market, die oben gegeben wurde, ist die Zahl des durchschnittlich an den einzelnen Markttagen aufgestellten Viehes bereits bemerkt worden. In der folgenden Tabelle ist die Gesammtzahl des während der Jahre 1854—1865 zum Verkauf gebrachten Viehes nach den im Journal der kgl. Landwirthschafts-Gesellschaft von England veröffentlichten Berichten [1] zusammengestellt.

[1] Vgl. Journal of the Royal agricultural Society of England. Part XX. p. 480.

Jahr	Ochsen und Kühe.	Kälber.	Schafe und Lämmer.	Schweine.
1854	263,394	24,853	1,498,525	34,280
1855	251,931	23,420	1,423,418	38,940
1856	258,465	20,395	1,335,474	34,077
1857	255,854	23,426	1,238,204	28,232
1858	264,764	24,164	1.335,597	32,646
1859	262,578	19,558	1,462,036	30,999
1860	266,041	23,038	1,424,770	29,671
1861	265,754	19,001	1,378,910	36,068
1862	282,503	20,838	1,391,343	35,627
1863	294,409	25,271	1.389,142	33,985
1864	315,873	27,902	1,392,144	36,985
1865	313,264	33,711	1,514,926	32,179

In dieser Tabelle sind einerseits Ochsen und Kühe, andererseits Schafe und Lämmer zusammengefasst, wobei zu bemerken, dass die Zahl der Kühe eine äusserst geringe ist und hauptsächlich aus Thieren besteht, welche güst geblieben auf den Marschen fettgeweidet sind, dass dagegen die Zahl der Lämmer ziemlich beträchtlich ist und sich von Jahr zu Jahr vermehrt hat.

Wie nicht anders zu erwarten, sind die Viehsendungen nicht gleichmässig stark in den einzelnen Monaten. Um die Schwankungen in dieser Hinsicht erkennbar zu machen, führen wir beispielsweise die monatlichen Sendungen des Jahres 1865 an (Vgl. Englands Handel von Hargreaves. 1866. p. 15).

Monat.	Ochsen und Kühe.	Kälber.	Schafe und Lämmer.	Schweine.
Januar....	20,669	1,095	73,714	2,370
Februar...	21,158	1.196	66,590	2,714
März	22,400	1,142	86,752	3,015
April	19,670	1,279	91,850	2,602
Mai	23.030	3,199	129,140	2,117
Juni	24,050	4,278	165,720	3,210
Juli	26,010	5,757	149,960	2,480
August ...	29,600	3,828	147,520	2,175
September.	27,010	3,324	151,440	3,287
October...	30,332	2,932	157,840	2,478
November.	37,115	2,858	167,230	2,811
December.	32,190	2,823	126,170	2,920
Summe	313,264	33,711	1,514,926	32,179

Nicht blos die gewaltige Zahl der zum Verkauf ausgestellten Thiere, welche die Tabelle ergiebt, macht auf die Besucher des Londoner Viehmarktes einen grossen Eindruck, sondern auch die bunte Mannigfaltigkeit derselben, da aus den verschiedensten Ländern des Continents Viehsendungen nach der englischen Metropole gehen. So findet man auf dem Markte in Islington nicht nur die verschiedenen Viehracen Grossbritanniens reichlich vertreten, sondern auch viele des Auslandes, da auch dies ein bedeutendes Contingent zu den Londoner Schlachtbänken stellt. Mit Recht kann man daher den Londoner Viehmarkt als einen Weltmarkt bezeichnen, welcher gerade durch die reiche Zusammenstellung und bunte Fülle der verschiedensten englischen und continentalen Viehracen, die auf ihm vertreten sind, ein weitschichtiges, interessantes Material zum Studium der Viehzucht darbietet. Gewaltig täuschen würde man sich aber, wenn man etwa glauben wollte, es wären daselbst nur Musterstücke der einzelnen Viehgattungen anzutreffen. Der Viehmarkt gleicht vielmehr einer bunten Karte, wo neben dem Vorzüglichsten, was die englische Viehzucht zu leisten vermag, reichlich auch die Mittelsorte, ja selbt die geringere und geringste Waare vertreten ist. Gerade durch diese Mannigfaltigkeit und Verschiedenheit in der Güte des zum Verkauf gestelten Viehes leistet der Markt, was er soll: er dient den allerverschiedensten Bedürfnissen der Hauptstadt, die die grössten Gegensätze des Reichthums und der Dürftigkeit umfasst.

Die Theilnahme des Auslandes an den Vortheilen des Londoner Viehmarktes datirt von nicht lange her, hat aber, nachdem seit der Abschaffung der englischen Zölle auf fremdes Vieh und andere landwirthschaftliche Erzeugnisse (1842 u. 1846) einmal die Bahn gebrochen war, in starker Progression zugenommen. Noch bis zum Jahre 1842 bestand die Einfuhr des fremden Viehes nur aus wenigen Stücken: dann aber fand bald ein lebhafter Aufschwung statt, der seitdem sich nicht nur erhalten hat, sondern noch immer im Wachsen begriffen ist. Von welcher hohen Bedeutung der englische Viehmarkt gegenwärtig bereits für das Ausland geworden ist, zeigen die folgenden statistischen Ermittlungen, welche wir in einer Tabelle zusammengestellt geben und welche, da sie amtlichen Berichten entnommen sind, auf vollständige Zuverlässigkeit Anspruch machen [1]. Es wurden eingeführt:

im Jahre	Ochsen und Kühe.	Kälber.	Schafe und Lämmer.	Schweine
1842	2,096	55	323	205
1843	745	22	110	183
1844	2,434	29	1,411	139
1845	8,193	382	10,984	549
1846	18,574	1,296	56,629	1,669
1847	28,119	7,724	115,964	959
1848	27,259	10,813	104,819	792
1849	28,891	10,195	115,093	1,747
1850	35,934	14,406	126,813	5,573
1851	52,530	18,771	203,024	7,476
1852	65,596	25,048	230,476	10,524
1853	94,548	30,705	259,420	12,757
1854	88,208	26,130	183,436	11,077
1855	73,750	23,777	162,642	12,171
1856	61,862	21,444	145,059	9,916
1857	65,698	27,315	177,207	10,678
1858	62,016	26,983	184,482	11,565
1859	63,204	22,383	250,580	11,084
1860	77,010	27,559	320,219	24,452
1861	81,194	25,902	312,923	30,308
1862	68,818	29,069	299,472	18,162
1863	109,653	41,245	430,788	27,137
1864	179,507	52,226	496,243	85,362
1865	227,528	55,743	914,170	132,943

Aus dieser Zusammenstellung ergiebt sich recht deutlich das Anschwellen der Vieheinfuhr, deren Dimensionen namentlich seit den letzten vier Jahren ganz ausserordentliche geworden sind. Am erheblichsten sind die Zusendungen an Rindvieh und Schafen, welche besonders in den drei letzten Jahren sich enorm gesteigert haben. Bedeutend niedriger ist die Zahl der nach dem Markte

---

[1] Von jedem eingeführten fremden Stück Vieh wird nämlich ein kleiner Betrag, sog. Clarirungskosten, erhoben, wodurch eine sehr genaue Controle der Einfuhr sich ergiebt.

eingeführten Kälber und Schweine, ein Umstand, aus dem leicht auf einen verhältnissmässig sehr geringern Verbrauch von Kalb- und Schweinefleisch geschlossen werden könnte. Dies ist jedoch nicht zutreffend, wenn auch der Engländer auf den Genuss des Rind- und Hammelfleisches den Hauptwerth legt. Die Zusendungen von Kälbern und Schweinen erhalten nämlich die Schlächter Londons hauptsächlich direct, theils in lebenden, theils in ausgeschlachteten Thieren, wobei wir beispielsweise an den bereits oben erwähnten bedeutenden Import an Schweinefleisch durch die Schlächtereien Koopmann und Bollheimer zu Hamburg erinnern. Selbst die in der Tabelle angeführte Zahl von Kälbern und Schweinen kam nur theilweise auf den Markt, während ein anderer Theil direct an den Fleischer abgeliefert wurde. Auf den Verbrauch an Schweinefleisch hat allerdings die Trichinenfurcht vorübergehend eingewirkt.

Vergleicht man die Tabellen des gesammten jährlich zum Londoner Markte gebrachten Viehes und des vom Auslande allein dorthin eingeführten, so ergiebt sich, dass schon zu Anfang der fünfziger Jahre ungefähr der vierte Theil des Schlachtviehbedarfs der englischen Metropole durch die Vieheinfuhr aus der Fremde gedeckt wurde, ein Verhältniss, das sich allmählig, wie die vorstehenden Zahlen ausweisen, bedeutend zu Gunsten des Auslandes geändert hat. Es giebt Sachkundige, welche behaupten, dass das in den letzten zwei Jahren auf den Markt zu Islington gebrachte und verkaufte Vieh zu zwei Dritteln aus fremder Einfuhr bestanden habe. Bedenkt man nun ferner, dass diese sich keineswegs auf London allein beschränkt, sondern dass auch andere englische Städte, darunter manche von bedeutendem Umfange, wie Newcastle, Hull, Liverpool, Manchester, Birmingham und andere, regelmässige Zusendungen von fremdem Vieh erhalten, so tritt die Bedeutung der Vieheinfuhr vom Continent erst ins rechte Licht. Nach den Erfahrungen der letzten Jahre kann man es als eine unbestreitbare Thatsache betrachten, dass England trotz seiner gehobenen und vermehrten

Viehzucht dieser Zusendungen vom Auslande dauernd bedarf, ja dass dieselben bei dem schnellen Anwachsen der industriellen Bevölkerung Grossbritanniens zur Dekkung des nöthigen Fleischbedarfs noch immer mehr steigen werden. Um zu beurtheilen, welche Länder an der bedeutenden Vieheinfuhr nach London theilnehmen, können als Anhaltspunkt zunächst die Hafenplätze in's Auge gefasst werden, aus welchen die Viehzusendungen geschehen. Nach dem im Journal der kgl. Landwirthschafts-Gesellschaft von England (vol. V. part IV. p. 366) veröffentlichten letzten Berichte vom 1. Juli 1865 fand eine Viehausfuhr aus folgenden Häfen und in nachstehenden Zahlenverhältnissen statt:

Hafenplatz.	Land.	Ochsen u. Kühe.	Kälber.	Schafe u. Lämmer.	Schweine.
Aalborg	Dänemark	1,160	—	—	—
Aarhuus	dito	562	—	—	44
Amsterdam	Holland	418	82	1,475	—
Antwerpen	Belgien	535	1,548	32	1,032
Boulogne	Frankreich	2,407	175	5,963	13,594
Bremen	Deutschland	5,784	1	6,949	—
Cadiz	Spanien	1,035	—	—	—
Calais	Frankreich	78	149	1,529	2,930
Carril	Spanien	100	—	—	—
Copenhagen	Dänemark	20	—	—	—
Coruña	Spanien	429	—	—	—
Dordrecht	Holland	2,349	70	22,007	20
Dünkirchen	Frankreich	609	157	5,412	6,136
Gibraltar	Spanien	605	—	—	—
Glückstadt	Deutschland	23	—	659	—
Gothenburg	Schweden	128	16	4	—
Hamburg	Deutschland	5,142	44	64,385	8,042
Harburg	dito	150	—	1,522	418
Harlingen	Holland	19,065	2,660	33,076	10,555
Havre	Frankreich	1	—	—	—
Medemblik	Holland	2,393	228	30,629	4
Neudieppe	Frankreich	249	258	2,140	8
Oporto	Portugal	952	—	—	—
Ostende	Belgien	1,631	1,040	6,758	988
Rotterdam	Holland	41,149	20,131	143,741	19,614
Tönningen	Deutschland	28,898	3	32,385	—
Vigo	Spanien	1,031	—	—	—

Demnach sind die Haupthafenplätze des Continents für die Vieheinfuhr nach England Dordrecht, Hamburg, Harlingen, Medemblik, Rotterdam und Tönningen, wobei zu bemerken ist, dass seit dem Ausbruche der Rinderpest derjenige Viehexport aus Deutschland, welcher über Rotterdam zu gehen pflegte, sich theilweise nach Antwerpen, theils nach Geestemünde gewandt hat. Handelte es sich nun für die vorliegenden Untersuchungen ganz besonders darum, festzustellen, welcher Antheil an der gesammten Viehausfuhr auf die einzelnen Länder und Landschaften komme, so konnte leider trotz aller Bemühungen eine vollkommene sichere Auskunft über diesen wichtigen Punkt deshalb nicht erlangt werden, weil das von den Hafenplätzen eines Landes exportirte Vieh als ausschliesslich aus diesem Lande stammend bezeichnet zu werden pflegt. Aber diese Bezeichnung der Herkunft des Viehes nach den Hafenplätzen ist nur bei einzelnen Ländern, nicht überall, zutreffend. So wird z. B. das aus Oporto exportirte Vieh ausschliesslich portugiesisches sein, und das aus Gothenburg verschiffte kann man unzweifelhaft als schwedischen Ursprungs betrachten; anders verhält es sich dagegen mit denjenigen Herden, die in den Häfen der Nord- und Ostsee zum Export kommen. So besteht beispielsweise das von Rotterdam verschiffte Vieh, das man in England gewöhnlich als holländisches bezeichnet, keineswegs aus diesem allein, sondern begreift in sich auch viel deutsches, welches aus den Rheingegenden und anderen Landschaften Deutschlands über Holland ausgeführt wird. Da ein näherer Nachweis über die eigentliche Herkunft des in England anlangenden fremden Viches nicht verlangt wird, so muss man sich mit einzelnen Nachrichten darüber begnügen, wie auch der Verfasser sich von Londoner Viehhändlern nur eine allgemeine Auskunft und folgende Angaben zu verschaffen wusste. Das erste fremde Vieh, welches im Jahre 1842 auf dem alten Smithfield Markte zum Verkauf kam, war von Rotterdam aus importirt worden. Zwei Jahre später, 1844, fand auch von Harlingen und

Amsterdam aus ein Viehimport nach London statt, der seitdem sich immer mehr gesteigert hat. Im Jahre darauf (1845) begann der Viehexport von Hamburg und 1846 der von Tönningen. Der erstere Hafenplatz hat im Laufe der Jahre für die Ausfuhr aus Mecklenburg und Preussen besondere Bedeutung gewonnen, und namentlich ist der Export von Schafen aus verschiedenen Gegenden über Hamburg sehr umfangreich geworden; während von Tönningen aus nur die Verschiffung von schleswigholsteinischem Vieh stattfindet. Die Ausfuhr aus diesem letzteren Hafen hat sich dergestalt vermehrt, dass sie schon 1855 über 20,000 Stück betrug und jetzt in runder Zahl auf 40.000 Stück Grossvieh im Jahre angenommen werden kann. Ende der vierziger Jahre nahm auch der Viehimport nach England von Brake in Oldenburg seinen Anfang, den man jetzt auf 5000—6000 Stück jährlich veranschlagt. Die ersten Versuche der Viehausfuhr aus Spanien und Portugal wurden 1853 ausgeführt, sie hat sich in allmähliger Steigerung während der letzten Jahre auf 8000—10,000 Stück erhöht. Von Dänemark erhielt der Londoner Markt schon zu Ende der fünfziger Jahre, wenn auch in geringem Masse, Zusendungen, die jedoch wenig Anklang fanden und erst in der Folge wichtiger wurden; wenigstens der Export von Schafen in den letzten 3—4 Jahren ist ziemlich bedeutend geworden. So hat sich nach und nach die Zahl der Länder, welche sich an der Vieheinfuhr nach England betheiligen, immer mehr erweitert, wobei Belgien und namentlich Frankreich sich neuerdings besonders hervorthun. Die wöchentlichen Zusendungen aus Frankreich werden auf circa 5000 Stück geschätzt. Auch von Gothenburg in Schweden, das überhaupt in einem lebhaften Verkehr mit Grossbritannien steht, ist der Londoner Markt wiederholt mit Vieh beschickt worden, doch befriedigte dasselbe seiner geringen Qualität halber anfangs nur wenig und erst in neuerer Zeit findet es bessere Aufnahme. Von ganz untergeordneter Bedeutung sind die vereinzelten Viehzusendungen aus Norwegen geblieben. Endlich sei noch erwähnt, dass auch der Versuch gemacht worden ist, über den atlantischen Ocean hinüber lebendes Vieh nach England zu senden, nämlich von Buenos-Ayres aus. Dieser mit einigen Stück Rindvieh angestellte Versuch ist aber gescheitert, da die Thiere welche auf der langen Seereise zu stark gelitten hatten, in gar zu schlechtem Zustande in London anlangten. Man hat daher dergleichen Sendungen, vor der Hand wenigstens, gänzlich aufgegeben.

Oben wurde die Bemerkung gemacht, dass durch die Angabe der Häfen, aus welchen das Vieh verschifft wird, die Länder, denen das Vieh angehört, keineswegs überall festgestellt werden können und dass diess insbesondere nicht bei den Häfen der Ost- und Nordsee möglich sei. Nun würde es aber gerade bei dem aus Deutschland exportirten Vieh von besonderem Interesse sein, die Quote der Ausfuhr aus den einzelnen Gegenden und verschiedenen Ländern näher kennen zu lernen. Es darf hierbei zunächst im Allgemeinen als sicher angenommen werden, dass Schleswig-Holstein neben Holland die Hauptmasse des exportirten Viches liefert, und demnächst Oldenburg, Mecklenburg, einzelne ältere Provinzen Preussens und Süddeutschland sich am meisten daran betheiligen. So wurden beispielsweise von Viehhändlern aus Cöln und Mainz Mastochsen in ansehnlicher Zahl in Hessen, Bayern und Würtemberg aufgekauft, um allwöchentlich in grossen Transporten über Antwerpen oder Rotterdam — seit dem Ausbruche der Rinderpest statt über Rotterdam über Geestemünde und Antwerpen — nach London versandt zu werden. Anzuführen sind ferner die Zusendungen an Mastvieh, welche aus Oesterreich kommen. Ein grosser Viehhändler, Hirschler in Wien, macht vom Herbste bis zum Februar Ankäufe von mageren Ochsen auf den grössern Märkten Oesterreichs für die Zuckerfabriken Böhmens und der Umgebung von Wien und lässt sie 3—4 Monate auf Mastung stehen. Nachdem diese vollendet ist, übernimmt er das Vieh wiederum zum Export nach London. Die Ausfuhr desselben beginnt im Februar und dauert bis zum Juni, während welchen Zeitraumes allwöchentlich Transporte von 100—150 Stück über Bremen-Geestemünde oder Hamburg nach London abgefertigt werden. Es versteht sich, dass einen so weiten Transport nur schweres Vieh lohnt; in den österreichischen Sendungen zeichnen sich besonders die steyerischen Ochsen aus, welche neben Thieren anderer Art, wie Tyroler und Ungarischer Race, vorkommen.

Was den Viehexport aus Preussen betrifft, so liefern ausser Schleswig-Holstein die Provinzen Brandenburg und Sachsen das grösste Contingent, von wo die mit den Abfällen der Brennereien oder Zuckerfabriken gemästeten Ochsen zur Ausfuhr meist über Hamburg nach London gehen. Nennenswerth ist ferner die Ausfuhr aus Rheinland und Schlesien, geringer dagegen die aus Pommern, Posen und Westfalen, während Ost- und Westpreussen sich bisher in directen Sendungen seitens der Viehbesitzer fast noch gar nicht betheiligt haben[1]). Die Frage aber, ob und inwiefern ein directer Export des Mastviehes aus der Provinz Preussen nach London und eine Erweiterung desselben aus den anderen Provinzen des preussischen Staates empfehlenswerth erscheine, soll im letzten Abschnitte nach Besprechung der mit dem Viehtransport verbundenen Gefahren und Unkosten näher erörtert werden.

Wenn bereits oben erwähnt worden ist, dass auf dem Londoner Markte Vieh von der allerverschiedensten Qualität, von der vorzüglichsten bis zur geringsten zu finden sei, so knüpft sich daran die Frage, wie nun die verschiedenen Zusendungen in dieser Hinsicht sich zu einander stellen, wie das einheimische englische Vieh sich zu dem fremden der Werthschätzung des Flei-

---

[1]) Nach einer dem Verfasser von einem befreundeten Gutsbesitzer Westpreussens gemachten Mittheilung haben vor einigen Jahren Viehhändler grössere Ankäufe von Ochsen in der Danziger Niederung gemacht und diese über Hamburg nach dem Londoner Markt versandt. Dem Vernehmen nach sollen solche Ankäufe in neuerer Zeit sich wiederholt haben.

sches nach verhalte, welche Viehracen insbesondere am
meisten geschätzt und am höchsten bezahlt werden. Darauf dient nun vor Allem zur Antwort, dass im Grossen
und Ganzen das englische und schottische Vieh seiner Frühreife, seiner grossen Mastfähigkeit und seines vorzüglichen
und wohlschmeckenden Fleisches wegen vor den fremden
Thieren den Vorrang behauptet. Aber die Schätzung und
Zufuhr der verschiedenen Racen des in England einheimischen Viehes ist nicht dieselbe geblieben, wie sich aus
einer im Journal der kgl. Landwirthschafts-Gesellschaft
von England mitgetheilten Zusammenstellung ergiebt. Danach bestand nämlich das auf den Londoner Viehmarkt
gebrachte Rindvieh, nach Procenten berechnet, in:

	1838	1858
Shorthorns	30,00	33,00
Herefords	13,00	9,25
Devons	11,00	5,00
Longhorns	2,50	1,00
Englisch Crosses (Kreuzungen)	13,00	16,00
Highlanders	3,00	2,00
Polled-Scots	10,00	4,00
Ayrshires	6,00	0,25
Scotsch Crosses	1,50	
Irish Crosses		8,00
Welsh runts	10,00	1,50
Irish		9,00
Fremdes Vieh		11,00
	100,00	100,00

Der Vergleich dieser Zahlen zeigt eine bemerkenswerthe Veränderung in der Beschickung des Londoner
Viehmarktes durch die verschiedenen Racen, die im Laufe
von zwanzig Jahren eingetreten ist. Während nämlich die
Shorthorns und die Kreuzungen mit denselben sich vermehrt haben, hat die Zahl der Herefords, Devons, Longhorns und der Polled-Scots, die früher einen bedeutenden
Procentsatz ausmachten, nicht unbedeutend abgenommen.
Letzteres gilt auch von dem Rindvieh aus Wales (Welsh
runts). Dagegen ergiebt sich eine starke Zunahme an
Kreuzungen des irischen Landschlages mit Shorthorns.

Ausserdem wird gegen früher eine beträchtlichere Zahl des irischen, durch ein richtiges Züchtungsverfahren verbesserten Landviehs zum Londoner Markt gebracht. Beachtenswerth ist ferner die Abnahme der Zufuhr des Ayrshireviehs, welches sich weniger zur Mast eignet, als es als Milchvieh geschätzt wird. Weiter ist auffallend die Verminderung der zum Londoner Markt gebrachten Highlanders und Polled Scots, da diese Racen, was die Qualität des Fleisches anbetrifft, besonders das schwarze ungehörnte schottische Vieh (black polled Scots), zu den vorzüglichsten gerechnet werden. Es ist diess wohl hauptsächlich dem Umstande zuzuschreiben, dass diese Racen in der Frühreife und der grossen und schnellen Mastungsfähigkeit den Shorthorns nachstehen. Seit 1858 hat die Zahl der zum Londoner Markt gebrachten Shorthorns und der Kreuzungen noch zugenommen, so dass diese jetzt die Hauptmassen des Fleischbedarfs für die Metropole liefern, soweit dieser von inländischem Vieh gedeckt wird. Welche Fortschritte in der Zucht der Shorthorns und der Kreuzungen gemacht worden sind, zeigt der Vergleich des durchschnittlichen Schlächtergewichts mit dem anderer Racen, wie er in folgender Tabelle erscheint [1]:

	1838		1858	
Shorthorns	95	Stones a 8 ů	100	Stones a 8 ů
Herefords	90	»	93	»
Devons	85	»	87	»
Longhorns	85	»	83	»
Scots	90	»	90	»
Welsh runts	87	»	87	»
Crosses (Kreuzungen) von Shorthorns mit englischem und schottischem Vieh	90		98	
Crosses (Kreuzungen) von Shorthorns mit irischem Vieh	80	»	92	»

[1] Vgl. Journal of the Royal Agricultural Society of England. Vol. XX. p. 475.

Aus dieser Zusammenstellung geht hervor, dass die reinen Racen sich mit Ausnahme der Shorthorns im durchschnittlichen Schlächtergewicht während eines Zeitraums von zwanzig Jahren nur wenig verändert haben, wogegen die Kreuzungen mit Shorthorns eine erhebliche Gewichtszunahme zeigen.

Auch hinsichtlich der Schafe hat auf dem Londoner Markte im Allgemeinen das einheimische Vieh den Vorzug vor dem vom Auslande eingeführten. Es ist diess einmal der Eigenthümlichkeit der englischen Schafracen zuzuschreiben, deren hervorragende Eigenschaften in der Frühreife und schnellen Mastungsfähigkeit bestehn, dann aber auch dem Umstande beizumessen, dass von den englischen Schafen nur junges, 1—2 Jahr altes Vieh zum Markte gebracht wird. Unter ihnen liefern nun die Southdowns das beste Fleisch, während die Hampshire- und Shropshire-Downs sowie die Cheviots von geringerm Werthe sind. Von den grossen langwolligen Schafen werden die Leicesters, Cotswolds und Lincolns am höchsten geschätzt. Besonderen Werth legt man ferner auf die Kreuzungen des Leicester- und Cheriotschafes, deren Züchtung in den Lothians von Schottland sehr verbreitet ist. Hinsichtlich des Preises dieser verschiedenen Arten ist zu bemerken, dass das Fleisch der Southdowns durchschnittlich um 1 d. (10 Pf.) auf das Pfund höher bezahlt wird, als das der grossen, langwolligen englischen Schafe. Ueber die Veränderungen, welche in der Beschickung des Londoner Marktes von verschiedenen Schafracen im Laufe von 20 Jahren eingetreten sind, giebt die folgende Zusammenstellung in Procenten berechnet, nähere Auskunft [1]).

[1) Vgl. Journal of the Royal Agricultural Society of Engl. Vol. XIX. p. 498. Vol. XXIV. p. 212.

	Im Jahre 1838	1858
Lincolns	31,00	27,00
Leicesters	29,00	25,00
Southdowns } Hampshire-Downs }	12,00	10,00
Crosses (Kreuzungen)	14,00	15,25
Gloucesters (Cotswolds)	6,00	8,00
Kents	5,00	5,00
Scotsch	2,50	1,00
Irish	1,50	3,00
Fremdes Vieh	—	5,75
	100,00	100,00

Aus einer anderen Zusammenstellung vom Jahre 1862 mögen nur folgende Angaben hervorgehoben werden. Es betrug damals der Procentsatz der Lincolnschafe nur noch 22,00, der Leicesterschafe 22,50, dagegen war der Procentsatz der Kreuzungen auf 21,00 gestiegen. Ebenso hatte die Zahl der Southdowns und Hampshire-Downs von 10 % des Jahres 1858 sich um 5 % vermehrt. Nach dieser Zusammenstellung sind auch die Kreuzungen sehr in Aufnahme gekommen, da sie sich durch schnelle Entwicklung und Mastungsfähigkeit besonders auszeichnen. Für den Vortheil solcher Kreuzungen bietet der Vergleich des Schlächtergewichts der verschiedenen Schafracen aus den Jahren 1838 und 1858 einen weiteren Beleg. Dasselbe stellt sich nämlich nach den in dem Journal der kgl. Landw.-Gesellsch. von England veröffentlichten Bericht [1]) nach Stones à 8 ℔ berechnet, wie folgt:

	1838	1858
Lincolns	11	12
Leicesters	$10^{1}/_{2}$	$11^{1}/_{2}$
Southdowns	10	10
Gloucesters	11	$12^{1}/_{2}$
Kents	11	$11^{1}/_{1}$
Scotch	$6^{1}/_{2}$	7
Irish	6	10
Kreuzungen	$9^{1}/_{2}$	$11^{1}/_{2}$

1) Journal of the Royal Agricultural Society of England. Vol. XX. p. 476.

Danach zeigen die Kreuzungen, — wenn man von den irischen Schafen absieht, welche früher ganz vernachlässigt waren, aber durch eine neuerdings sich verbreitende richtige Züchtung eine ausserordentliche Gewichtszunahme erlangten — die beträchtlichste Gewichtsvermehrung.

Was endlich die Schweine anbetrifft, so finden auf dem Londoner Markte die kleineren Sorten mit einem durchschnittlichen Gewicht von 150 bis höchstens 200 ℔ und zwar namentlich die Berkshire- und Essex-Race, den besten Absatz.

Gehen wir nach diesen kurzen Bemerkungen über das auf dem Londoner Markte zum Verkauf gebrachte Vieh und dessen verschiedenen Werth nach Race und Mastung dazu über, das Werthverhältniss des ausländischen Viehes zum englischen ins Auge zu fassen, so tritt uns hier die erfreuliche Erscheinung entgegen, dass der früher wohlberechtigte Preisunterschied zwischen beiden mit dem Aufschwunge und den wesentlichen Fortschritten der continentalen Viehzucht immer mehr abnimmt. Hoffentlich wird derselbe in nicht allzulanger Zeit ganz und gar verschwunden sein. Dabei ist freilich mit in Anschlag zu bringen, dass der Absatz des Viehes vom Continent eine Reihe von Jahren mit verschiedenen Vorurtheilen der Söhne Albions zu kämpfen hatte, die aber gleichfalls in Abnahme begriffen sind. Gegenwärtig findet man zwar immer noch, dass im grossen Durchschnitt für das englische Vieh vorzüglichster Zucht und Mastung ein etwas höherer Preis bezahlt wird, als für das beste ausländische, indessen ist dieses Plus ein sehr geringes und beträgt auf den Stein à 8 ℔ englisch höchstens 6 d. (5 Sgr.). In einzelnen Fällen ist aber schon für vorzügliche ausländische Waare derselbe Preis erzielt worden, als für das beste englische Fleisch, wie denn der Preis überhaupt weniger durch die Race des Viehes als durch dessen Qualität bestimmt wird. Die mittleren ausländischen Sorten kommen ferner mit den entsprechenden des englischen Viehes fast gleich zu stehen und was das fremde

Vieh geringer Qualität anbelangt, so trifft man die eigenthümliche Erscheinung, dass dasselbe oft etwas höher bezahlt wird, als das englische gleicher Beschaffenheit, weil nämlich das fremde sich voller im Talg schlachten soll.

Die Vieheinfuhr von der pyrenäischen Halbinsel, deren oben erwähnt worden ist, besteht ausschliesslich in Ochsen, welche anfänglich nur wenig Beifall fanden, weil sie meist zu alt zum Verkauf gestellt und dabei sehr starkknochig waren. Ausserdem sollten sie auch nicht genug Talg liefern. So kam es, dass sie trotz ihres bedeutenden lebenden Gewichtes verhältnissmässig niedrig bezahlt wurden. Jetzt hat sich dies Verhältniss sehr erheblich geändert. Man bringt von Spanien und Portugal jüngere Thiere zum Markte, die einen guten Preis erhalten [1]).

Das aus Norwegen importirte Vieh hat seiner geringen Qualität wegen fast gar keinen Eingang gefunden. Aehnlich verhielt es sich früher mit dem aus Schweden eingeführten, während gegenwärtig dasselbe bessere Aufnahme findet und bei Verbesserung der Qualität grössere Zusendungen von dort zu erwarten sind. Bedeutender ist der Viehexport aus Dänemark sowohl an Rindvieh wie namentlich an Schafen geworden, indem besonders auf die Zucht der letzteren neuerdings viel Sorgfalt verwendet wird. Der grösste Theil des aus Dänemark gebrachten Viehes geht nach Schottland, auf den Londoner Markt dagegen verhältnissmässig nur weniges. Ein Theil dieser Schafe wird von den Farmern in den Lothians Schottlands gekauft, um dort gemästet zu werden. Sie gelten im Vergleich mit den englischen mindestens als gute Mittelwaare. Aehnlich steht es mit dem dänischen Rindvieh, das von mittlerer Schwere zu

---

[1]) Der Verfasser fand im verflossenen Herbst an einem Markttage einen ziemlich bedeutenden Transport Ochsen aus Portugal, welche ihrer vorzüglichen Qualität wegen zu fast gleichen Preisen wie das beste englische Vieh verkauft wurden.

sein pflegt und einen Verkaufspreis von 18—24 £ pro Stück erzielt.

Eine ganz besondere Beachtung verdient der Aufschwung, den der Viehexport von Frankreich nach dem Londoner Markte erfahren hat. Anfänglich bestand eine starke Abneigung gegen den Ankauf französischen Viehes, welche nunmehr vollständig beseitigt ist, so dass man gegenwärtig dafür dieselben Preise bezahlt, wie für das beste englische Fleisch [1]). Diess ist in der That das beste Zeugniss für die ausserordentlichen Fortschritte, welche die Viehzucht in Frankreich gemacht hat, und mit Bestimmtheit dürfen wir erwarten, dass Frankreich der englischen Viehzucht mit der Zeit eine bedeutende Concurrenz machen werde. Ebenso liefern auch die Marschgegenden (Polders) von Belgien vorzügliche Mastthiere, Ochsen wie Schafe, für den Londoner Markt, die mit den besten holländischen auf eine Stufe gestellt werden können.

Wenn auch ein nicht unbedeutender Theil des aus den holländischen Häfen, besonders Rotterdam, nach London exportirten Viehes diesem Lande nicht angehört, so ist dennoch die Viehausfuhr aus Holland selbst, verglichen

---

[1]) Vgl. Wochenblatt der Annalen der Landwirthschaft. Jahrg. VII. No. 14. — Einer der bedeutendsten Commissionäre des Londoner Marktes schreibt darüber, dass er die ersten französischen Ochsen nur mit Widerstreben gekauft habe, weil er überzeugt gewesen, dass seine Kunden sich an Fleisch von Arbeitsochsen nicht würden gewöhnen können. Aber gerade das Gegentheil davon sei eingetreten. Jetzt stehe die Sache so, dass seine Kunden ganz besonders nach diesem Fleische verlangten, seines vorzüglichen Geschmackes wegen. obgleich sie wohl wüssten, dass es von französischen Ochsen stamme. Die Fleischer der aristokratischen Stadttheile drängten sich darum, es zu erhalten. Während französische Ochsen vor zwei Jahren in Smithfield und Newgate keine Abnehmer gefunden haben würden, nehmen sie jetzt den ersten Rang auf den englischen Fleischmärkten ein. Diese Aeusserung zeigt, dass ein wahrer Triumph über das langgenährte englische Vorurtheil gegen das ausländische insbesondere französische Vieh, gewonnen worden ist.

mit der anderer Länder, die grösste. Und wiederum bildet London für Holland den Hauptabsatzplatz. Diess gilt sowohl für Grossvieh, als für Kleinvieh, wie denn die Ausfuhr von Schafen, besonders aber der Absatz von Kälbern, welche grade in Holland vorzüglich gemästet werden, sehr bedeutend ist. Was nun die Qualität des holländischen Rindviehes betrifft, so nimmt dasselbe unter den Zusendungen des Continents nicht den ersten Platz ein, sondern gilt nur als gute Mittelwaare. Indessen hat man auch in Holland begonnen, durch Verbesserung der Racen bessere Resultate zu erzielen. Namentlich in denjenigen Gegenden Hollands, in denen der Viehexport die Hauptrolle spielt, hat man den von Natur durch Milchergiebigkeit ausgezeichneten Rindviehschlag mit solchen englischen Racen gekreuzt, die sich durch Fleischwüchsigkeit auszeichnen, besonders auch mit Shorthorns und hierdurch die Mastfähigkeit des einheimischen Rindviehschlages nicht unerheblich vervollkommnet. Solche Kreuzungsprodukte sind zur Zeit auf dem Londoner Markte eine gesuchte Waare und werden entsprechend höher bezahlt: die Verkaufspreise von Ochsen mit 100—120 Stones à 8 ℔ Schlächtergewicht stellen sich auf 28, sogar auf 30 £ (186^2/$_3$—200 Thlr.). Sehr vortheilhaft ist ferner der Absatz der holländischen Marschschafe, die fast durchgängig mit englischen Fleischschafen, namentlich Leicesters oder Lincolns, gekreuzt sind. Besonders schwere und gute Maststücke dieser Gattung werden mit 63 ja selbst 72 s. (21—24 Thlr.) bezahlt.

Der Mastviehabsatz aus den Marschgegenden Schleswig-Holsteins nach England hat in kurzer Zeit einen ausserordentlichen Umfang erreicht, so dass er für jene Gegenden von hoher Bedeutung geworden ist. Früher war die Ausfuhr ausschliesslich über Hamburg und Lübeck, wo Händler das Mastvieh den Marschbesitzern für den Londoner Markt abkauften. Nachdem aber die Westeisenbahn nach Tönningen hergestellt und gleichzeitig eine directe Dampfschifffahrtsverbindung mit England eingerichtet worden war, haben die Marschbauern die directe Verschiffung und den Verkauf desselben, in London durch dortige Markt-Commissionäre selbst in die Hand genommen. Seit dieser Zeit hat die Viehmästung auf den dortigen Marschen einen bedeutenden Aufschwung gewonnen. Das zur Mast bestimmte Vieh wird nur zum geringsten Theile in den Marschen selbst aufgezogen, vielmehr erhalten die Mästereien ihren Bedarf an magerem Vieh entweder aus dem sogenannten Landvieh — und zwar aus Dithmarschen und der Umgegend von Tondern — oder aus den bedeutenden Weidetriften Nordschleswigs und Jütlands, welche auf die sog. Magermärkte gebracht werden und von dort in die Mästereien der Marschen übergehen. Soweit aber Selbstaufzucht in den Marschgegenden stattfindet, werden Kreuzungen des einheimischen Schlages mit Shorthorns ausgeführt und dadurch recht befriedigende Resultate erreicht. Der Qualität nach gilt auf dem Londoner Markte unter dem fremden Vieh das Schleswig-Holsteinische am meisten, und insbesondere werden die Ochsen aus Jütland, die sogenannten jütischen Ochsen, am höchsten bezahlt. Sie bringen fast denselben Preis wie die beste englische Waare. Ziemlich umfangreich ist auch der Export von Marschschafen aus Schleswig-Holstein, die durch Kreuzungen mit Cotswolds, Leicesters und Lincolns sehr verbessert worden sind und in London einen guten und sicheren Absatz finden. Der Verkauf des auf den Weiden gemästeten Viches nimmt im Juli seinen Anfang und dauert bis zum November.

Das vom Niederrhein nach London verkaufte Vieh wird der Qualität nach dem holländischen im Allgemeinen gleichgestellt. Bei dem übrigen deutschen Vieh, welches auf dem dortigen Markte zahlreich vertreten ist, wird hinsichtlich des Preises nicht auf die Race, sondern nur auf die Qualität Rücksicht genommen. So fand der Verfasser beispielsweise an verschiedenen Markttagen grössere Transporte der birkenfelder Race in London vor, welche, zum Theil junge und gut gemästete Thiere, ihrer vorzüglicheren Beschaffenheit wegen fast zu denselben Preisen bezahlt wurden, wie sehr gutes englisches Vieh, während alte, minder gut gemästete Stücke derselben Race nur als geringe Waare betrachtet und demgemäss abgesetzt wurden. Es verdient dabei bemerkt zu werden, dass das fettgeweidete Vieh einen weiten Transport nicht so gut erträgt, als das mit Abfällen der technischen Nebengewerbe, wie mit Schlempe oder Rübenpressling gefütterte, was für die Viehtransporte aus entfernteren Gegenden, wie aus Oesterreich, nicht ohne Wichtigkeit ist.

Unter den fremden Schafen werden, wie bereits oben wiederholt bemerkt worden ist, besonders die schweren, mit englischen Racen gekreuzten Marschschafe gesucht. Man bezahlt dieselben so gut, dass im Verhältniss zu englischen langwolligen Racen kein irgend erheblicher Unterschied im Preise stattfindet. Was dagegen die aus Deutschland zum Londoner Markt exportirten Merino's betrifft, von welchen schon im Jahre 1858 bedeutende Sendungen gemacht wurden und welche seitdem in immer grösserer Zahl nach London gebracht worden sind, so ist bei diesen der Preisunterschied ein bedeutender. Die ersten Zusendungen waren von sehr geringer Qualität, daher der Preis sich durchschnittlich auf 15 s. (5 Thlr.) für's Stück stellte, so dass es nach Abzug der Transport- und Verkaufskosten, die sich auf ungefähr einen Thaler beliefen, ausserordentlich zweifelhaft erscheint, ob ein Vortheil bei diesem Geschäft herauskam. Später hat sich aber der Export von Merinoschafen wesentlich vortheilhafter gestaltet, nachdem auf die Erzielung kräftigerer Figuren und grösseren Gewichtes mit Erfolg hingearbeitet worden war, wie die später erzielten Preise von 18—22 s. (6 -7½ Thlr.) diess beweisen. Immer aber ist der Unterschied in den Fleischpreisen ein nicht unbeträchtlicher: durchschnittlich wird das Pfund Fleisch von den Southdowns mit 2 d. (20 Pf.) mehr bezahlt, als das der Merino's. Höher dagegen werden die seit einigen Jahren in deutschen Wirthschaften vielfach ausgeführten Kreuzungen der Merino's mit Southdowns auf dem Londoner Markte verwerthet, wo sie gern gekauft werden. Gut gemästete Stücke dieser Gattung bringen 27—35 s. (9—11²/₃ Thlr.).

Bei dem starken Consum des Schaffleisches in England, welches nebst dem Rindfleisch dort am meisten beliebt ist, wird daher London für den Absatz gut gemästeter Fleischschafe aus Deutschland einen guten und gesicherten Markt bieten.

Am Schlusse dieser Besprechung der Art und Weise, wie der Londoner Markt beschickt wird, möge noch mit einigen Worten die Frage berührt werden, ob und inwiefern die verschiedenen Klassen des Schlächtergewerbes sich an dem Ankaufe des fremden Viehes mehr oder weniger betheiligen. Früherhin war eine starke Abneigung gegen alles fremde Vieh in England ganz allgemein verbreitet in Folge eines übermässigen Vorurtheils, welches die meisten Engländer überhaupt in Bezug auf das Ausland, dessen Verhältnisse und Erzeugnisse bis vor Kurzem hatten, zum Theil auch noch nähren. Demgemäss galt den Söhnen Albions von vorn herein alles Fleisch von fremden Schlachtthieren für trocken, zäh, geschmacklos, auch wohl gar für ungesund. Wir finden daher auch, dass in den ersten Jahren des Viehimportes vom Continent das fremde Vieh fast ausschliesslich von den Fleischlieferanten für die Armee, öffentliche Institute oder dergleichen Anstalten, die Massenbestellungen machten, angekauft wurde. Allmählig fand man aber, dass auch ausländisches Fleisch wohlschmeckend und wegen seines Preises empfehlenswerth sei. Es fingen daher die kleinen Schlächter in den inneren Stadttheilen Londons an, sich am Ankauf des vom Continent hinübergebrachten Viehes zu betheiligen und später auch die Grossschlächter selbst aus den aristokratischen Stadttheilen des Londoner Westends. Dieser Umschwung der öffentlichen Meinung in Bezug auf das ausländische Fleisch ging freilich nur allmählig und so zu sagen mit Widerstreben vor sich, indem anfangs von den Schlächtern noch immer die Furcht gehegt wurde, sie würden ihre Kunden verlieren, wenn sie ihnen nicht einheimische

Waare lieferten; dieser Umschwung wurde aber bald durch die ausserordentlichen Fortschritte kräftig unterstützt, welche die Viehzucht auf dem Continent, in Deutschland wie in Frankreich, in den letzten zehn Jahren, gemacht hat. Gegenwärtig, nach manchen schweren Kämpfen, sind die Vorurtheile gewichen; man weiss in England, dass nunmehr auch auf dem Continent grosse Sorgfalt auf die Zucht und bessere Mastung des Schlachtviches verwandt wird, und lässt sich die Concurrenz des fremden Importes um so lieber gefallen, als dadurch die Fleischpreise sich verhältnissmässig niedriger stellen. Gegenwärtig stehen die Sachen in London so, dass das fremde Vieh geringerer Qualität von den Fleischlieferanten und den Schlächtern der armen Stadttheile angekauft zu werden pflegt, während das fremde Vieh mittlerer und bester Qualität denselben Absatz auch in den besten Stadttheilen findet, wie das einheimische. Diese Beseitigung des englischen Vorurtheils in Bezug auf fremdes Fleisch ist als eine wichtige Errungenschaft zu betrachten, welche sich die Viehzucht des Continents zu Nutze zu machen hat. Denn für letztere ist die dadurch erleichterte Möglichkeit des Viehimports nach England von grosser, ja von unberechenbarer Wichtigkeit.

VIII. Art und Kosten des Verkaufs.

Schon bei Gelegenheit der Beschreibung des Londoner Viehmarktes wurde oben mitgetheilt, dass der Verkauf auf demselben durch Commissionäre (cattle-salesmen) vor sich gehe, welche regelmässig ihre Zusendungen erhalten und zwischen Producenten und Abnehmern die Mittelspersonen abgeben. Diese Verkaufsweise durch

Makler findet nicht nur bei dem vom Auslande importirten Vieh statt, sondern auch fast ausschliesslich bei den Viehsendungen aus England und Schottland selbst. In Folge dessen beherrschen die Commissionäre den gesammten Markt der Art, dass ein directer Verkauf von Vieh auf demselben durch Producenten etc. ohne Vermittelung der Makler, selbst für Engländer, mit Schwierigkeiten verknüpft sein würde; daher wir denn auch finden, dass solche directe Handelsabschlüsse durch die Eigner nur ausnahmsweise vorkommen. Der Geschäftsgang beim Londoner Viehhandel ist folgender. Es wird zunächst seitens der Viehbesitzer einem Commissionär in London über die Art und die Stückzahl der Viehsendung, sowie auch hinsichtlich der Zeit, zu welcher der Transport auf der Eisenbahn und zu Schiffe in London eintreffen wird, Anzeige gemacht. Im Falle der Verschiffung vom Auslande muss gleichzeitig der Agent der betreffenden Dampfschifffahrtsgesellschaft von der Absendung des Viehes nach dem englischen Hafenorte in Kenntniss gesetzt und ihm aufgetragen werden, dasselbe mit dem nächsten Boote nach London abgehen zu lassen. Der schon benachrichtigte Londoner Commissionär findet sich nun bei der Ankunft des Schiffes im Hafen oder bei inländischem Verkehr auf dem Bahnhofe zur Zeit der Ankunft des betreffenden Zuges ein, übernimmt sofort das Vieh und übergiebt es den Treibern, welche es nach den auf dem Marktplatz errichteten oder nach Privatstallungen oder auf nahegelegene Weiden bringen, wo es bis zum Verkauf gehalten wird. Man sieht, dass es bei dieser Einrichtung nicht erforderlich ist, mit dem Vieh eigene Wärter nach London zu schicken, wodurch die Kosten des Transportes erheblich gesteigert werden würden. Hinsichtlich der Pflege und Fütterung der Thiere auf der Reise wie in London bis zum Verkaufe sind zweckmässige Einrichtungen getroffen, von denen im folgenden Abschnitt gehandelt werden soll. Die Viehtransporte namentlich vom Auslande richtet man am besten so ein, dass dieselben ein bis zwei Tage vor dem Markttage in

London eintreffen, damit dem von der Reise aufgeregten und angestrengten Vieh einige Ruhe und Erholung vergönnt sei. Da von dem Zeitpunkt der Absendung des Viehes und dessen Eintreffen in London der Commissionär für Alles, was die Pflege und Aufstellung, den Verkauf des Viehes und Zahlung des eingebrachten Preises betrifft, zu sorgen hat, so ist der Viehbesitzer völlig auf den Commissionär angewiesen und so zu sagen in dessen Hände gegeben. Es versteht sich daher, dass derselbe auch die volle Verantwortlichkeit zu tragen hat und insbesondere seinem Ermessen überlassen bleiben muss, wie und zu welchem Preise er den Verkauf bewerkstellige, worüber sich allgemeine Vorschriften nicht ertheilen lassen. Als Regel gilt, dass, sobald der Verkauf abgeschlossen ist, der Makler seine Rechnung aufstellt, worin der Name des oder der Käufer bemerkt ist, und dass dem Verkäufer der Erlös sofort übersandt wird. Auch für den richtigen Eingang und die Ablieferung der Gelder hat der Commissionär einzustehen. Die Zusendung der letzteren geschieht in der Regel durch Vermittelung der Banquiers, wodurch hinreichende Sicherheit geboten ist, da man gewöhnlich Wechsel auf die Bank von England, sogenannte Bank Post Bills giebt. Es gilt dies allgemein für die bequemste und sicherste Remittirung des gewonnenen Erlöses, welcher übrigens auch, falls es gewünscht wird, in Wechseln auf deutsche Häuser bezogen werden kann.

Die Kosten, welche mit dem Verkaufe verbunden sind, bestehen nun vor allen Dingen in der dem Commissionär zu zahlenden Provision, den Commissionsspesen; dazu kommen die Marktgelder, der Treiberlohn, die Ausgaben für Stallung und Futter und endlich beim fremden Vieh noch Landungsspesen, Werftgeld und sog. Clarirungskosten. Für die meisten der genannten Posten, als Marktgeld, Treiberlohn, Landungsgebühren u. s. w. bestehen bestimmte Sätze, aber auch die übrigen, wie die Provision für den Verkauf und die Futterkosten werden von den verschiedenen Commissionären fast ganz gleich berechnet. Die Commissionsgebühren haben seit dem 1. Januar dieses Jahres eine Steigerung erfahren, indem statt des bisherigen Satzes von 3 s. (1 Thlr.) für das Haupt Grossvich 4 s. ($1^1/_3$ Thlr.) gezahlt werden müssen. Die mit dem Verkaufe verbundenen Kosten betragen nach den Angaben eines der bedeutendsten Viehmakler, John Giblett, wie folgt:

Für 1 Ochsen.

	s.	d.		Thl.	Sgr.
Provision	4	—	=	1	10
Marktgebühren	1	6	=	—	15
Treiberlohn	—	9	=	—	$7^1/_2$
Futterkosten auf den Tag	1	—	=	—	10
Landungs-, Werft- und Clarirungskosten	3	—	=	1	—
	10	3	=	3	$12^1/_2$

Für 1 Schaf.

	s.	d.		Thl.	Sgr.
Provision	—	9	=	—	$7^1/_2$
Marktgebühren	—	3	=	—	$2^1/_2$
Treiberlohn	—	$1^1/_2$	=	—	$1^1/_4$
Futterkosten auf den Tag	—	$1^1/_2$	=	—	$1^1/_4$
Landungs-, Werft- und Clarirungskosten	—	6	=	—	5
	1	9	=	—	$17^1/_2$

Für 1 Kalb.

	s.	d.		Thl.	Sgr.
Provision	2	6	=	—	25
Marktgebühren	—	$4^1/_2$	=	—	$3^3/_4$
Treiberlohn resp. Fuhrkosten	1	—	=	—	10
Futterkosten p. Tag	—	6	=	—	5
Werftgeld u. Clarirungskosten	—	6	=	—	5
	4	$10^1/_2$	=	1	$18^3/_4$

Für 1 Schwein.

	s.	d.		Thl.	Sgr.
Provision	2	—	=	—	20
Marktgebühren	—	$4^1/_2$	=	—	$3^3/_4$
Treiberlohn resp. Fuhrkosten	1	—	=	—	10
Futterkosten p. Tag	—	6	=	—	5
Werftgeld u. Clarirungskosten	—	6	=	—	5
	4	$4^1/_2$	=	1	$13^3/_4$

Wenn nun auch kleine Abweichungen von diesen Angaben in einzelnen Kostensätzen vorkommen, so sind doch im Allgemeinen die von anderen Commissionären dem Verfasser gemachten Angaben mit den obigen so übereinstimmend, dass es nicht der Mühe werth ist, solche unbedeutende Schwankungen in den Kosten hier näher anzuführen.

Es stellen sich also die Verkaufskosten einschliesslich des Futters für einen Tag folgendermassen:

für 1 Ochsen ..... 10 s. 3 d. oder 3 Thlr. 12½ Sgr.
» 1 Schaf .... 1 » 9 » » — » 17½ »
» 1 Kalb .... 4 » 10½ d. » 1 » 18¾ »
» 1 Schwein ..... 4 » 4½ » » 1 » 13¾ »

Hierzu kommen aber noch die eigentlichen Transportkosten, von denen im folgenden Abschnitt gehandelt werden wird.

Wenn man jene beim Verkaufe des Viehes in London selbst erwachsenden Kosten ins Auge fasst, wird man nicht umhin können, dieselben, was Rindvieh und Schafe betrifft, als mässig zu betrachten, zumal wenn, was auch aus anderen Gründen immer vorzuziehen ist, nur schweres, gut gemästetes Vieh zum Verkauf kommt. Die Verkaufskosten bei den Kälbern und Schweinen dagegen erscheinen hoch und stehen zu denen beim Rindvieh und bei den Schafen in keinem angemessenen Verhältnisse. Schon in Hinsicht hierauf wird es daher beim Export von Kälbern und Schweinen ganz besonders darauf ankommen, nur schwere und preiswürdige Stücke zur Ausfuhr zu bestimmen.

Gegen die oben geschilderte, auf dem Londoner Viehmarkte übliche Verkaufsweise durch Commissionäre drängen sich manche Bedenken auf; und mancher deutsche Viehhändler hat gegen den Verfasser sich darüber schon missfällig ausgesprochen. Es lassen sich in der That auch gewichtige Ausstellungen dagegen machen, selbst unter Annahme des günstigsten Falles, dass man nämlich die Londoner Viehmakler als sachkundige und durchaus reelle und zuverlässige Leute betrachtet:

eine Annahme, die bei dem jener Klasse von Mittelspersonen allgemein gespendeten Lobe der Ehrlichkeit und Zuverlässigkeit wohl zugelassen werden darf. Die Verkaufsabschlüsse nun werden unter Berücksichtigung der Qualität nach dem Schlächtergewicht der einzelnen Stücke gemacht, bei welcher Verkaufsweise, wenn sich auch Manches dagegen einwenden lässt, doch unter Voraussetzung grosser Sachkenntniss und langjähriger Erfahrung eine möglichst zutreffende Schätzung erlangen lässt, sobald die Zahl des in den wenigen Stunden des Marktverkehrs von einem Händler zu verkaufenden Viches nicht allzu gross ist. Bedenklicher gestaltet sich aber die Sache, wenn von einzelnen Commissionären Abschlüsse mit Grossschlächtern über hundert oder noch mehr Stück Grossvieh, das verschiedenen Besitzern angehört, zum Durchschnittspreise gemacht werden, wie dergleichen riesige Geschäfte, deren wir schon bei der obigen Schilderung des Marktes gedachten, keineswegs zu den Seltenheiten gehören. Dabei liegt es also den Commissionären ob, behufs der Abrechnung mit den einzelnen Viehbesitzern jedem derselben seinen Antheil an der erlösten Summe pro rata zu bestimmen, was bei einer grossen Zahl ungleicher und vielleicht eben erst übernommener, vielleicht nur flüchtig eingesehener Verkaufsstücke, die nach Massgabe der Qualität und des Schlächtergewichts geschätzt werden müssen, grosse Schwierigkeiten hat. Dürfen wir auch den Londoner Viehmaklern ein bedeutendes Mass von Sachkenntniss und Routine zutrauen, so können wir uns doch nimmermehr der Besorgniss entschlagen, dass in solchen Fällen auch beim besten Willen Irrthümer unterlaufen, durch welche der eine oder der andere der Viehcommittenten zu Schaden kommt. Und in der That ist es zu verwundern, dass bei den vielfachen Abrechnungen dieser Art verhältnissmässig nur selten Klagen von Seiten der Betheiligten vorkommen.

Setzen wir aber den Fall eines unlautern Verfahrens solcher Viehmakler, welche Controle ist dem Viehbesitzer dann zu seiner Sicherheit geboten? Der Commissionär ist zunächst verpflichtet, auf der Verkaufsnote den Namen des Käufers zu bemerken. Aber solche Angabe des Käufers bietet bei grossen Verkaufsabschlüssen zu einem Durchschnittspreise natürlich gar keinen Nachweis über die Richtigkeit der Berechnung. Selbst in dem Falle, wo der Schlächter nur das Vieh eines Besitzers von dem betreffenden Commissionär ankauft und also die Vertheilung des Erlöses nach der Schätzung wegfällt, wird es bei dem Riesenverkehr der brittischen Hauptstadt namentlich für einen Ausländer äusserst schwierig sein, einen sicheren Nachweis zu erlangen. Daher können wir solchen Notirungen nur einen sehr bedingten Werth beimessen. Für den mit den Verhältnissen des Londoner Vieh- und Fleischhandels nicht genau Vertrauten möchten die durch die Zeitungen regelmässig veröffentlichten Fleisch- und Viehpreise des dortigen Marktes eine leidliche Controle bei den Verkäufen von Vieh darbieten; jedoch haben wir schon früher Gelegenheit genommen, auf die Mangelhaftigkeit der jetzigen Preisnotirungen hinzuweisen, welche meistens aus einseitigen Angaben hervorgegangen sind, und halten uns verpflichtet, an dieser Stelle nochmals auf das Unzuverlässige derselben aufmerksam zu machen. Sie mögen höchstens als Anhalt zur Beurtheilung des allgemeinen Ganges des Fleisch- und Viehhandels geeignet sein, dürfen aber nicht den Anspruch auf vollkommene Sicherheit machen. Dabei weisen wir noch auf den Umstand hin, dass des Werthes wegen, den man in England auf die Qualität des Fleisches legt, die Preisnotirungen in der Regel nach den drei Kategorien der geringen, mittleren und besten Waare geschehen und in Folge dessen fast um das Doppelte schwanken, wie dies durch die oben (S. 35) mitgetheilten Preisangaben bestätigt wird. Ein unredlicher Commissionär hat daher selbst nach Massgabe der veröffentlichten Zeitungsnachrichten einen weiten Spielraum, innerhalb desselben die Preise des ihm zum Verkauf übergebenen Viehes niedriger dem Verkäufer anzugeben, als sie wirklich erzielt werden, ohne dass man im Stande ist, ihn dabei des Betrugs zu überführen. Eine gewisse Controle würde sich nun dadurch ausüben lassen, dass der Viehbesitzer zeitweise den Londoner Markt besuchte und sich von dem Gange der dortigen Geschäfte und den erzielten Preisen persönlich unterrichtete, was auch von einzelnen englischen Farmern, wenn es sich um den Verkauf grösserer Transporte von Mastvieh handelt, bisweilen geschieht. Für den Ausländer wäre jedoch der persönliche Besuch des Londoner Marktes mit zu grossen Opfern verknüpft, als dass er als Auskunftsmittel dürfte empfohlen werden, und es wäre noch dazu zweifelhaft, ob sich dann auch wirklich hierdurch eine zuverlässige Controle erreichen liesse. Man ist also, dies muss als das Resultat der angestellten Erörterungen betrachtet werden, schliesslich immer auf die Redlichkeit und Sachkenntniss der Viehmakler angewiesen, daher es namentlich für den ausländischen Viehimporteur ganz besonders darauf ankommen wird, aus der grösseren Zahl derselben die richtige Wahl zu treffen. Mehr als alles Andere sichert den Vortheil der Viehbesitzer die Concurrenz der Commissionäre unter einander, denen es daran gelegen sein muss, durch möglichst umsichtige, reelle und prompte Verkaufsabschlüsse sich ihre Kundschaft zu erhalten und zu erweitern.

Bei dieser eigenthümlichen Art der Verkehrsverhältnisse auf dem Londoner Viehmarkte kann es nun freilich nicht Wunder nehmen, wenn namentlich auf dem Continent sowohl Seitens der Viehbesitzer als der Viehhändler Stimmen laut geworden sind, welche eine Aenderung jener Verkaufsweise verlangen. Das Interesse derer, welche Vieh zu verkaufen haben, lässt es natürlicher Weise als wünschenswerth erscheinen, dass sie den Verkauf auf dem Londoner Markte direct, ohne die mit Kosten verknüpfte Vermittelung von Commissionären, abschliessen, indem sie dabei von der Meinung ausgehen, selbst am besten ihren Vortheil wahren zu können. Ihre Einwendungen gegen die jetzige Verkaufsweise auf dem Londoner Markte sind um so verständlicher, je weniger es einem Zweifel unterliegen kann, dass bei derselben den Viehhändlern erhebliche Vortheile entgehen, die sie nicht entbehren wollen.

Aber auch die Abneigung der Viehbesitzer gegen den Viehexport nach England, besonders wenn sie mit den Verhältnissen Londons nicht vertraut sind, ist leicht begreiflich: sie schlagen die mit dem weiten Transport und dem Verkaufe des Viehes dort verbundenen Gefahren und Verluste sehr hoch an und ziehen daher vor, mit einem oft sehr mässigen Gewinne in der Heimath vorlieb zu nehmen. Hierin ist auch die Erklärung der Thatsache zu suchen, dass aus manchen Viehzucht treibenden Gegenden des Continents der Viehhandel nach London bisher keinen Anklang gefunden hat. Von solcher Seite her ist denn oft der Wunsch ausgesprochen worden, dass die englischen Viehhändler oder Grossschlächter den Ankauf des Viehes direct im Auslande, sei es selbst, sei es durch Agenten ausführen möchten; indessen sind die dahin gehenden Bemühungen bis jetzt erfolglos geblieben, und es ist auch wenig Aussicht vorhanden, dass sie später besseren Erfolg haben werden. Nicht selten dagegen kommt es in neuester Zeit vor, dass englische Viehmakler den Continent, namentlich Deutschland, zu dem Zwecke bereisen, neue Bezugsquellen ausfindig zu machen, die Viehzüchter des Continents zur Beschickung des Londoner Marktes anzuregen und auf die Wahl des dahin abzusendenden Viehes einen Einfluss auszuüben. Findet der Ankauf des Viehes für den Londoner Markt durch einheimische Viehhändler statt, welche die Versendung dorthin für ihre Rechnung übernehmen, so wird dadurch, wie auf der Hand liegt, der höchste Vortheil für die Landwirthe nicht erzielt, weil der Zwischenhändler an dem Gewinne selbstverständlich Theil nimmt. Dafür giebt es thatsächliche Belege genug. So mussten die Producenten in Schleswig-Holstein vor der Eröffnung der Westeisenbahn nach Tönningen und der Dampfschifffahrtsverbindung zwischen Tönningen und London ihr Vieh Hamburger Händlern überlassen, welche es nach dem Londoner Markt brachten, und mit diesen Zwischenpersonen natürlich den Gewinn theilen. Jetzt aber fällt Letzteres weg, indem die Marschbesitzer den directen Verkauf des Viehes auf dem Londoner Markte durch englische Commissionäre für ihre Rechnung bewerkstelligen.

Es wird allerdings der directe Verkauf des Viehes auf dem Londoner Markte Seitens der Besitzer ohne die Vermittelung von Commissionären als ein immer anzustrebendes Ziel gelten müssen, und ebenso mag der Ankauf des continentalen Mastviehes direct durch englische Grossschlächter und Fleischlieferanten ohne jeden Zwischenhandel als das vortheilhafteste betrachtet werden. Wir dürfen uns jedoch nicht verhehlen, dass der Durchführung dieser Verkaufsart bisher noch grosse Hindernisse entgegenstehen, so dass von deren Realisirung für jetzt wenigstens Abstand zu nehmen ist. Namentlich wird sich die Beseitigung der Commissionäre des Londoner Viehmarktes als einer seit lange bestehenden und tief gewurzelten Einrichtung, nicht so leicht herbeiführen lassen und heftigem Widerspruche begegnen. Unter den obwaltenden Verhältnissen wird es sich vielmehr darum handeln, bei den directen Viehsendungen nach London an die dortigen Commissionäre Massregeln zu einer genügenden Controle über deren Promptheit und Ehrlichkeit in den einzelnen Verkaufsabschlüssen zu treffen. In dieser Hinsicht ist die richtige Notirung und Veröffentlichung der Viehpreise durch eine gemischte Commission unter dem Vorsitze des Marktvorstehers schon in einem früheren Abschnitte (S. 34) als das geeignetste Mittel erkannt worden. Daneben wird die jetzige Einrichtung, die Namen der Käufer auf der Abrechnungsnote zu verzeichnen, beibehalten werden müssen; und es fragt sich nur noch, ob es nicht vielleicht statthaft sein würde, eine kurze Bescheinigung Seitens des Ankäufers auf der Note des Commissionärs zu fordern.

Zieht man endlich das Interesse in Betracht, welches die Commissionäre behufs der Erhaltung ihrer Kundschaft an einer möglichst reellen Bedienung derselben haben müssen, so erscheinen die Gefahren und möglichen Verluste bei der directen Viehversendung und dem Verkauf für eigene Rechnung im Ganzen und Grossen nicht so erheblich, dass man nicht, natürlich immer mit gehöriger Beobachtung aller schon berührter Vorsichtsmassregeln, sich diesen Maklern und ihrer Vermittelung anvertrauen sollte, zumal dieselben in der Handelswelt im Allgemeinen sich eines guten Rufes der Sachkenntniss und Zuverlässigkeit erfreuen [1]).

IX. Der Transport des Viehes nach London.

Da die richtige Ausführung des Viehtransportes von hoher Wichtigkeit ist, besprechen wir denselben in einem besonderen Abschnitte. Soll die Viehausfuhr für den Verkäufer wirklichen Vortheil gewähren, so sind für den Transport des Viehes zwei Bedingungen zu erfüllen; derselbe muss auf **billige** und **sichere** Art geschehen. In ersterer Beziehung ist durch die in neuer und neuester Zeit eingetretene Concurrenz der Communicationsmittel zu Wasser und zu Lande eine bedeutende Ermässigung der Frachtsätze herbeigeführt und dadurch ermöglicht worden, selbst aus weiter Entfernung mit Vortheil Vieh nach London zu versenden. Der Transport muss aber zweitens auch ein hinlänglich sicherer sein, d. h. ohne Nachtheil für das Vieh selbst geschehen, was beim Fett-

---

[1]) Um deutschen Landwirthen dadurch einen Anhalt zu directer Verhandlung zu bieten, theilt der Verfasser aus der grösseren Zahl empfehlenswerther Commissionäre folgende mit, von denen die beiden ersteren der deutschen Sprache mächtig sind:

1. John Giblett & Son. Cattle salesmen, London. 63 West Smithfield.
2. John Höuck, Cattle salesman, London, Stonebridgehouse, Tottenham.
3. Thomas Coulson, Cattle salesman, London.

vieh, das um so viel leichter Schaden leidet, von ganz
besonderer Wichtigkeit ist. Wir werden die darauf zie-
lenden Einrichtungen und Massregeln gleichfalls zu besprechen haben.

Ehe wir aber dazu übergehen, mögen einige Bemerkungen über die zum Schutze gegen das Einschleppen
der Seuchenkrankheiten in England angeordnete thierärztliche Untersuchung, welcher das vom Continent eingeführte Vieh unterliegt, gemacht werden.

Bei der obigen Beschreibung des Londoner Viehmarktes wurde schon erwähnt, dass unter dem Beamten-
personal des Marktes sich auch ein Thierarzt befindet,
dessen Aufgabe es ist, den Gesundheitszustand des zum
Markt gebrachten Viehes zu überwachen. Neben dieser eigentlichen Marktcontrole ist aber noch eine thierärztliche Untersuchung alles fremden in den Hafen von
London oder anderer englischer Städte eingeführten Viehes angeordnet, die früher mit vieler Nachsicht ausgeführt wurde, seit dem Ausbruch der Rinderpest aber bedeutend verschärft worden ist. Zur Vermeidung von Verlusten ist letzteres von allen, die aus den Ländern des
Continents Vieh nach England bringen wollen, sehr zu
beachten. Nachdem die Einfuhr von magerem Vieh ver-
boten und das Schlachten des zum Markte gebrachten
Viehes innerhalb einer bestimmten Frist angeordnet worden ist, hat übrigens die thierärztliche Untersuchung eine
geringere Bedeutung, als bei der früher stattfindenden
Einfuhr von magerem Vieh, welches von Farmern verschiedener Grafschaften Englands und Schottlands zur
Mast angekauft wurde. Nach den gegenwärtig geltenden
Vorschriften wird nun sämmtliches fremdes Vieh bei der
Landung durch einen von der Regierung angestellten
Thierarzt untersucht und mit einem Certificat über den
Gesundheitszustand versehen, ohne welches der Londoner Markt von ihm nicht betreten werden darf. Vieh,
das mit Lungenseuche, Rinderpest und derartigen gefähr-
lichen Krankheiten behaftet oder derselben verdächtig
ist, wird auf Anordnung des Regierungsthierarztes sofort

getödtet und vernichtet. Hinsichtlich des mit Maul- und Klauenseuche behafteten Viehes war das Verfahren nicht immer gleich. Anfangs war man so nachsichtig, dergleichen Thiere passiren und zum Markt bringen zu lassen; nachdem sich jedoch grosse Missstände daraus ergeben hatten, wurde später angeordnet, diejenigen Thiere, welche bei der Inspection als mit Maul- oder Klauenseuche behaftet gefunden worden waren, im Hafenplatze sofort zu schlachten, wobei die kranken Theile (Kopf oder Füsse) zurückbehalten und zerstört wurden. Das noch gesunde Vieh desselben Transportes wurde dann ungehindert zum Markte geführt und durfte dort verkauft werden. Neuerdings ist jedoch auch dies nicht mehr gestattet; entweder muss sämmtliches Vieh eines solchen Transportes, bei dem kranke Thiere sich finden, im Hafen geschlachtet werden oder bis zur vollständigen Herstellung einer Quarantaine sich unterwerfen, woraus natürlich ausserordentliche Kosten und Verluste für die Besitzer erwachsen. Zieht man dabei in Betracht, dass trotz aller Vorkehrungen auf weiten Transporten das Vieh von den letztgenannten Krankheiten leicht angesteckt werden kann und dass der Ausbruch derselben durch die Strapazen einer langen Reise sehr befördert werden soll, so ist zur grössten Vorsicht zu rathen. Zur Vermeidung aller der mannigfachen Uebelstände, welche mit der Ansteckung der zum Markte gesandten Thiere voraussichtlich verbunden sind, hat man neuerdings fast überall die Einrichtung getroffen, das Vieh vor der Einschiffung einer sorgfältigen thierärztlichen Untersuchung zu unterziehen. In den holländischen Häfen geschieht dies durch eigene vom Staate dafür honorirte Veterinärs, während in andern Hafenplätzen eine solche Inspection auf Kosten der Viehbesitzer unternommen wird, ein Opfer, zu welchem in Anbetracht des dadurch möglicherweise zu vermeidenden Schadens dringend zu rathen ist. Die thierärztliche Untersuchung übrigens, welche mit dem Vieh unmittelbar nach dessen Ankunft in London vorgenommen wird, bietet wenig Garantie, da sich die Thiere nach einer anstrengenden Fahrt gewöhnlich in einem fieberhaft aufgeregten Zustande befinden. Wünschenswerth wäre es, wenn der von verschiedenen Seiten gemachte Vorschlag ausgeführt würde, die thierärztliche Untersuchung erst zwölf Stunden nach der Ausschiffung, nachdem das Vieh getränkt und gefüttert worden, vorzunehmen. Die jetzige Art der Untersuchung wenigstens, wo unmittelbar nach dem Landen 400—500 Stück Grossvieh einer Schiffsladung durch einen Thierarzt, welchem höchstens ein Gehülfe beigegeben ist, in kaum zwei Stunden geprüft werden, kann selbst unter der Voraussetzung grösster Uebung und Sachkenntniss des inspicirenden Veterinärs, doch nur als oberflächlich bezeichnet werden. Würde man dagegen den Thieren erst bei hinreichender Fütterung und Pflege einige Ruhe und Erholung gönnen, zu welchem Zwecke freilich für ausreichende Stallung in den Hafenplätzen gesorgt werden müsste, so wäre dann eine viel zuverlässigere Feststellung ihres Gesundheitszustandes möglich, wodurch sowohl das Interesse der Käufer, als der Viehimporteure besser gewahrt sein würde.

Um nun zum Transportwesen selbst überzugehen und zunächst den Seetransport des Viehes ins Auge zu fassen, so versteht es sich, dass die Einrichtung der Transportmittel, also hier der Schiffe, zweckentsprechend und hinreichend bequem sein muss, wenn das Vieh auf der Reise nicht sehr leiden soll. Auf den zum Waarentransport bestimmten Seeschiffen kann das Vieh natürlich nur auf dem Deck verbleiben, und selbst dafür sind immer noch besondere Einrichtungen zu treffen. Es sind nun, seitdem die Viehausfuhr nach England sich so vermehrt und mit einer gewissen Regelmässigkeit vor sich zu gehen angefangen hat, von den verschiedenen Gesellschaften Schiffe eigens für den Viehtransport gebaut und eingerichtet worden, wobei es hauptsächlich auf folgende Punkte ankam. Es musste dafür gesorgt werden, dass die Ein- und Ausschiffung der Thiere sich leicht bewerkstelligen lasse; sodann, dass dieselben während der Seefahrt hinreichenden Raum haben, dass sie ferner leicht und ausreichend gepflegt werden können und endlich dass sie gegen die Witterungseinflüsse geschützt seien und namentlich nicht von zu starker Hitze im Schiffsraume zu leiden haben. Bezüglich des Verladens sind auf den neuen Schiffen die Einrichtungen überall so getroffen, dass die Thiere direct von den Landungsbrücken auf die Schiffe und von diesen beim Ausladen auf die Landungsbrücken zurückgeführt werden können. Das Verladen durch Aufwinden in Schlingen ist überall beseitigt. Durch die Hülfe der Landungsbrücken wird beim Verladen geraume Zeit gewonnen; wie schnell dasselbe vor sich geht, zeigt ein Bericht des Secretärs der General Steam Navigation Company Mr. Pratt. Auf einem der neuen Schiffe seiner Gesellschaft, der Maas, nimmt die Verladung von 570 Stück Ochsen, auf welche das Schiff berechnet ist, nur $3^1/_4$ Stunde in Anspruch und eben diese Zahl wird sogar in 50 Minuten ausgeladen. Auf allen grösseren Schiffen geschieht die Verladung des Viches auf dem Deck, dem Zwischendeck und in dem unteren Schiffsraume. Wir bemerken dabei zugleich, dass auf den grossen Schiffen das Vich während der Fahrt wegen der geringen Schwankungen, denen sie unterworfen sind, am wenigsten zu leiden hat, weshalb sich auch diese für längere Seefahrten ganz besonders empfehlen. So haben die zum Vichtransport benutzten Schiffe, die von Oporto auslaufen, eine Länge selbst bis zu 300 Fuss. Für das auf dem Deck befindliche Vich sind in einzelnen Schiffen Schutzdecken errichtet, um die Thiere gegen die Witterungseinflüsse, besonders gegen Sonnenstrahlen und Regengüsse, zu schützen.

Vielfach wird darüber geklagt, dass beim Vichtransport die Schiffe überfüllt würden. Um den dadurch herbeigeführten Missständen zu entgehen, hat man daher vorgeschlagen, dass die Regierungen die Vichzahl der vollen Schiffsladungen bestimmen und darüber wachen sollten, dass jene Zahl nicht überschritten werde. Dergleichen Bestimmungen sind jedoch um deswillen schwierig, weil es dabei immer auf die Grösse des Viches, die

Dauer der Seefahrt und auf die sonstigen Einrichtungen der Schiffe ankommt. Die Dauer der Seefahrt hat auf die Bestimmung des Raumes für die Thiere insofern Einfluss, als diesen bei langen Fahrten, die mehrere Tage in Anspruch nehmen, Platz zum Niederlegen gegeben werden muss, was bei kürzeren Fahrten nicht nöthig ist. Im letzteren Falle giebt man im Gegentheil dem engeren Stande des Viehes den Vorzug, indem hierdurch dem Niederlegen der Thiere, welches bei stürmischem Wetter leicht Beschädigungen hervorruft, vorgebeugt wird: die hauptsächlichen Verletzungen geschehen nämlich dadurch, dass die liegenden Thiere durch die nebenstehenden getreten werden und starke Quetschungen erhalten. Auf den kürzeren Seefahrten rechnet man pro Haupt Grossvieh einen Raum von 8 Fuss Länge und 2 bis 2½ Fuss Breite, wogegen für lange Seefahrten z. B. von Oporto nach London 3 Fuss Standbreite und noch mehr gegeben wird. Zur Verhütung von Verletzungen sind ferner zwischen je 4—6 Stück Abtheilungen durch feste Stände angebracht, welche Einrichtung namentlich für stürmisches Wetter und starkes Schwanken der Schiffe nöthig ist. Ebenso werden auch die Schafe auf dem Transport durch Hürden in einzelne kleinere Abtheilungen getrennt. Die Aufstellung der Thiere ist auf den meisten Schiffen in zwei Reihen, die Köpfe nach den Schiffsseiten gewandt, und nur ausnahmsweise kommt auf sehr breiten Schiffen noch eine dritte Reihe zwischen den beiden andern in der Mitte des Schiffes vor. Jene Aufstellungsweise, wo die Thiere in zwei Reihen mit den Köpfen von einander abgewendet nach den Schiffsseiten zu stehen, ist in einzelnen neuen Schiffen auf der Route von Hamburg nach Hull dahin abgeändert worden, dass die Thiere mit den Köpfen gegeneinander nach der Mitte des Schiffes zu stehen kommen und zwar so, dass ein Gang zwischen ihren Köpfen frei bleibt. Es geschieht diess, um einmal auf diese Weise das Tränken und Füttern besser bewerkstelligen zu können, sodann aber auch, um dem in dem Zwischendeck und den unteren Schiffsräumen aufgestellten

Vieh leichter frische Luft zuführen zu können, als bei der gewöhnlichen Einrichtung möglich ist. Ein grosser Nachtheil der älteren Schiffe besteht nämlich in dem Mangel einer hinreichenden Ventilation, in Folge dessen das Vieh ausserordentlich leidet, namentlich in dem Falle, wenn die Schiffe zur Zeit der Ebbe nicht in die Häfen einlaufen können und stundenlang vor denselben in der Sonnenhitze ruhig liegen bleiben müssen. Es muss mit Anerkennung hervorgehoben werden, dass bei der Construction der neuen, für den Viehtransport gebauten Schiffe für eine vortreffliche Ventilation gesorgt ist.

Grosse Sorgfalt wird auf die Reinigung der Schiffe, so oft sie zum Viehtransport gedient haben, gelegt, besonders um Ansteckungen der Thiere an der Klauenseuche und ähnlichen leicht übertragbaren Krankheiten zu verhindern. Früher bestand die Reinigung nur in dem Wegschaffen des Kothes und dem Abwaschen des Bodens; gegenwärtig jedoch werden Desinfectionsmittel, namentlich Chlorkalk, angewandt, nachdem vorher der Boden des Schiffes sorgfältig vom Schmutze befreit und gereinigt worden ist.

Die Wartung des Viehes auf den Schiffen geschieht, da dasselbe nur ausnahmsweise von eigenen im Dienste der Besitzer stehenden Leuten begleitet wird, durch die Schiffsmannschaft, welche dieses Geschäft pünktlich besorgt. Bei kürzeren Seefahrten wird das Vieh auf den Schiffen nicht gefüttert, höchstens mit Wasser getränkt, während es bei längeren Touren ausser Wasser auch Heu erhält. Je mehr es bei der Concurrenz der Dampfschifffahrts-Gesellschaften in deren Interesse liegt, das Vieh in möglichst gutem Zustande abzuliefern, desto grössere Sorgfalt wird während der Seefahrt auf dessen Pflege verwandt, so dass in dieser Hinsicht kein Grund zur Besorgniss für die Viehbesitzer vorliegt, welche ihr Eigenthum dem Meere anvertrauen. Dass aber die Thiere, ohne wesentlich zu leiden, auch einen längeren Seetransport aushalten, beweist besonders die Thatsache, dass die Verschiffung aus Spanien und Portugal immer mehr zunimmt, obgleich die Fahrt von dort nach London vier, ja bei ungünstiger Witterung und Jahreszeit fünf Tage erfordert und doch dem Wohlbefinden des Viehes nur sehr geringen Eintrag thut. Wir fügen bei dieser Gelegenheit gleich die durchschnittlichen Fahrzeiten von den andern Hauptverschiffungsplätzen nach London bei.

Von Tönningen...	40—44	Stunden
» Hamburg....	40—44	»
» Amsterdam..	30—36	»
» Bremen.....	30—36	»
» Havre.......	24—30	»
» Rotterdam ..	20—24	»
» Antwerpen [1].	20—24	»
» Ostende.....	15—20	»
» Boulogne....	9—12	»

Gegen die Anstrengungen der Seefahrt sind die verschiedenen Viehgattungen übrigens in ungleichem Grade empfindlich. Am meisten leiden dabei die Schweine, die der frischen Luft am dringendsten bedürftig nur auf dem Deck der Schiffe verladen werden dürfen, wie denn auch der Transport derselben zu und aus den untern Schiffsräumen zu schwierig sein würde; demnächst das Rindvieh, wogegen die Schafe die Seeüberfahrt am besten ertragen. Was die Beschädigungen des Viehes auf der Reise betrifft, so bestehen dieselben hauptsächlich in Quetschungen, es kommen jedoch auch Beinbrüche und andere starke Verletzungen vor, wenn die Ueberfahrten bei stürmischem Wetter sehr ungünstig sind. Am gefährlichsten sind die Seeüberfahrten zur Zeit der Aequinoctialstürme und besonders im Spätherbste, wo der Canal von Stürmen heimgesucht wird. Bei dem Hochgange der See und starkem Hinundherschwanken der Schiffe kommt es

---

[1] Statt der directen Seefahrt Antwerpen-London wird in neuerer Zeit die von der Great Eastern Railway Company für den Viehtransport eingerichtete Route Antwerpen-London via Harwich vielfach benutzt. Die Seefahrt von Antwerpen nach Harwich beträgt nur acht Stunden. Die Abfahrt der Dampfschiffe findet jeden Dienstag und Freitag Mittag statt.

namentlich darauf an, das Vieh am Niederlegen zu verhindern, wobei das zur Wartung bestimmte Personal durch die übrige Schiffsmannschaft unterstützt wird. Aber nicht allein während der Stürme, sondern auch bei windstillem Sommerwetter in starker Hitze hat das Vieh viel zu leiden, zumal wenn es beim Einlaufen in die Häfen nicht gleich ausgeladen werden kann. Man sorgt deshalb dafür, dass bei der Abfahrt der Schiffe, die betreffenden Commissionäre telegraphisch aufgefordert werden, sich rechtzeitig im Hafen einzufinden und das Ausladen sofort nach dem Landen der Schiffe vornehmen zu lassen.

Die Frage nach der Versicherung des Viehes gegen Unglücksfälle auf der See ist bereits Gegenstand vielfacher Erörterung gewesen, ohne bis jetzt zu einem rechten Abschluss gebracht zu sein. Schon die vielen Clauseln, welche die Versicherungs-Gesellschaften in die bezüglichen Policen aufzunehmen für nöthig halten, lassen die Versicherungen als mehr oder weniger werthlos erscheinen, so dass auch bis jetzt wenigstens die Versicherung des Viehes bei der Seeüberfahrt wenig Eingang gefunden hat. Zur nähern Orientirung lassen wir hier die uns von verschiedenen Gesellschaften gemachten Mittheilungen folgen. Die Transport-Versicherungs-Gesellschaft „Schweizerischer Lloyd" berechnet die Viehversicherungen nach folgenden Sätzen:

1) Von Amsterdam, Rotterdam und Antwerpen
während des Sommers $3/8\%$ des declarirten Werthes
im Winter $1/2\%$ „ „ „
2) Von Hamburg nach London
im Sommer $1/2\%$ des declarirten Werthes
im Winter $3/4\%$ „ „ „

wobei jedoch die besondere Clausel in die Police eingesetzt wird: frei von natürlichem Tode, frei von Beinbruch, frei von Ueberbordspülen, Springen und Werfen.

Nach den Angaben der Herren Günther und Behrend in Geestemünde beträgt die Assecuranz-Prämie bei der Verschiffung aus dortigen Häfen nach London $1/3$ Procent gegen Total-Verlust und im Monat Juli gegen alle Gefahr, ausgenommen Beinbruch und natürlichen Tod, für Rindvieh 3% und Schafe 4½%.

Die Stettiner Gesellschaften verlangen nach den Mittheilungen der Herren Fr. Pitzschky & Comp. zu Stettin für Viehversicherungen 1¼% und bedingen dabei die Clausel „frei von Beinbruch und frei von natürlichem Tode."

Von den Bremer Gesellschaften wird nach Angaben des Herrn Joh. Heckemann in Bremen das Vieh nur gegen Totalverlust für ⅓—1½% Prämie versichert.

Nach den Mittheilungen des Ober-Inspectors der Agrippina Herrn Garenfeld zu Cöln kann das von Hamburg nach London per Dampfer exportirte Vieh bei der Assecuranz-Compagnie, „dem Globus" (Director derselben M. A. Mentzel zu Hamburg) unter folgenden Bedingungen versichert werden:

1) unter Deck, frei von Beinbruch und natürlichem Tode ohne Serienbestimmung . . . zu ½%,
2) auf dem Deck, frei von Beinbruch und natürlichem Tode, sowie frei von Ueberbordspülen und Werfen zu ½%,
3) auf dem Deck, frei von Beinbruch und natürlichem Tode, aber mit Garantie des Ueberbordspülens, Springens und Werfens . . . . zu 3%,
4) unter wie auf dem Deck gegen alle Gefahr zu 8%,

Dieselben Prämien werden bei Viehsendungen von den Häfen Belgiens und Hollands nach London berechnet.

Für die Ostsee wechseln die Prämien je nach der Jahreszeit; für den Sommer schätzt Herr Garenfeld das Risico auf das Doppelte der Reisen von Belgien, Holland oder Hamburg.

Die General Steam Navigation Company zu London, welche den Viehtransport aus den verschiedensten Häfen, als Hamburg, Bremen, Geestemünde, Tönningen, Kopenhagen etc. vermittelt, übernimmt die Viehversicherungen nur auf die Route Tönningen-London. Die Versicherungen selbst geschehen blos für Hornvieh und Schafe gegen Prämien, welche nach Zeit und sonstigen Umständen einer

Veränderung unterliegen. Für Viehbesitzer, welche während der ganzen Saison vom Juli bis zum November regelmässige Zusendungen machen, stellen sich die Prämien niedriger, als für Solche, welche erst im Laufe der Saison mit dem Viehexport beginnen, oder auch nur ab und zu kleinere Sendungen bewirken. Im ersteren Falle wird für Hornvieh 2 % des abgeschätzten Werthes und für Schafe 2½ % bezahlt. Es wird dabei noch die auffallende Bedingung gestellt, dass das betr. Vieh fett geweidet sei, wogegen das im Stalle gemästete von der Versicherung ausgeschlossen bleibt. Zum Schutze der Gesellschaft werden die Thiere durch einen von ihr angestellten Thierarzt auf den Gesundheitszustand genau untersucht, und nur wirklich gesundes Vieh angenommen. Für leichte Verletzungen wird kein Ersatz geleistet, es gilt vielmehr beim Landen der Schiffe alles Vieh für gesund und nicht zum Schadenersatze berechtigt, welches ohne menschliche Beihülfe ans Land gehen kann. Bei starken Beschädigungen dagegen, als namentlich bei Beinbrüchen, verkauft die Gesellschaft das Vieh für ihre eigene Rechnung und zahlt an den Viehbesitzer den versicherten Werth. Für contagiöse oder innere Krankheiten ist die Gesellschaft nicht verantwortlich. In solchen Fällen stellt der englische Veterinär Atteste aus, auf deren Grund die Bestimmungen der dortigen Behörden gegen Viehseuchen, zur Anwendung kommen. Auch selbst auf dieser Route wird von der Viehversicherung wegen der erschwerenden Clauseln im Ganzen wenig Gebrauch gemacht.

Obige Notizen dürften zur Genüge erklären, warum die Viehversicherungen bisher so wenig Eingang gefunden haben. Denn der niedrige Prämiensatz von $½ - ¾$ % des declarirten Werthes schützt gegen die gewöhnlichen Unglücksfälle nicht, deren Vergütung durch die mitgetheilten Clauseln ausgeschlossen wird; für Versicherung gegen alle Gefahr aber sind die zu zahlenden Prämien zu hoch. Es steht zu hoffen, dass die Versicherungsgesellschaften, nachdem hinreichende Erfahrungen über die Unglücksfälle beim Viehtransport zur See gesammelt worden sind, sich zu einer Regulirung und Ermässigung der Prämiensätze werden bereit finden lassen, worauf dann ohne Zweifel eine allgemeinere Benutzung der Versicherung durch die Viehbesitzer auch eintreten wird.

Bei allen Seeschifffahrts-Gesellschaften ist es Gebrauch, für das auf der Reise etwa zu Grunde gegangene und über Bord geworfene Vieh keine Fracht zu erheben oder die bereits dafür erhobene Fracht zurückzuerstatten, wogegen für alle mehr oder minder stark verletzten, aber noch zum Schlachten geeigneten Thiere keine Rückgabe der Fracht bewilligt wird. Die Fracht für die Seefahrt des Viehes wird in der Regel beim Landen desselben von den Commissionären bezahlt, welche auch die Eisenbahnkosten meistens in London als Nachnahme entrichten.

Was die Frachtkosten der Seeüberfahrt angeht, so stellen sich dieselben im Ganzen genommen in Folge der besonders in den letzten Jahren eingetretenen Concurrenz der verschiedenen Gesellschaften niedrig. So betrug noch vor einigen Jahren auf den Schiffen der General Steam Navigation Company die Fracht für das Haupt Grossvieh von Rotterdam nach London 20 s. (6 Thlr. 20 Sgr.), während dieselbe jetzt nach Eröffnung der Concurrenzlinie der Great Eastern Company pro Haupt anfänglich auf 10 s. und jetzt auf 15 s. (5 Thlr.) reducirt worden ist. Aehnliche Frachtermässigungen sind in Folge der Concurrenz auf andern Routen eingetreten. So concurriren von Tönningen nach London zwei Dampfschifffahrts-Gesellschaften, wovon die englische Gesellschaft von Davids nur 10 s. ($3^1/_3$ Thlr.), die andere von Hönk dagegen 20 s. für das Haupt Grossvieh an Fracht berechnet. Obgleich die letztere Gesellschaft besonderes Vertrauen bei den Marschviehbesitzern Schleswig-Holsteins geniesst, wird sie doch durch die gebotene Concurrenz sich über kurz oder lang zu einer Ermässigung der Frachtsätze entschliessen müssen. Ohne hier speciell auf die Verschiffungskosten, welche die verschiedenen Gesellschaften von den einzelnen Hafenplätzen aus nach London berechnen, näher einzugehen, wollen wir nur die Frachtsätze der wichtigen

Routen von Rotterdam, Hamburg, Antwerpen und Geestemünde anführen.

Es beträgt die Fracht von Rotterdam nach London
- pro Haupt Grossvieh .... 15 s. (5 Thlr.)
- » » Schaf .... 2 s. (20 Sgr.)
- » » Schwein .... 2—3 s. (20 Sgr.—1 Thlr.)

Von Hamburg nach London
- pro Haupt Grossvieh .... 20 s. (6 Thlr. 20 Sgr.)
- » » Schaf (vorwiegend Merinos) 1 s. 6 d. (15 Sgr.)
- » » Schwein................. 2 s. 6 d. (25 Sgr.)

Von Antwerpen

a) direct nach London (durch die General Steam Navigation Company) [1]
- pro Haupt Grossvieh 15 s. (5 Thlr.)
- » » Schaf ... 1 s. 6 d. (15 Sgr.)
- » » Schwein . 2 s. 6 d. (25 Sgr.)
- » » Kalb .... 5 s. (1 Thlr. 20 Sgr.)

b) via Harwich nach London (durch die Great Eastern Railway Company, deren Schiffe jeden Dienstag und Freitag Mittag abgehen) [2]
- pro Haupt Grossvieh 15 s. (5 Thlr.)
- » » Schaf ... 1 s. 6 d. (15 Sgr.)
- » » Schwein . 2 s. 6 d. (25 Sgr.)
- » » Kalb .... 5 s. (1 Thlr. 20 Sgr.)

Von Geestemünde nach London [3]
- pro Haupt Grossvieh 20 s. (6 Thlr. 20 Sgr.)
- » » Schaf ... 1 s. 6 d. (15 Sgr.)
- » » Schwein . 3 s. (1 Thlr.)
- » » Kalb .... 3 s. (1 Thlr.)

---

1) Agent derselben ist W. Kennedy in Antwerpen.
2) Agent derselben ist Franz Hüger in Antwerpen.
3) Die Agentur versieht die Firma Günther und Behrend in Geestemünde, welchen Herren ich noch folgende weitere Mittheilungen über sonstige Unkosten verdanke:

Die Verschiffungs- und Agenturspesen betragen:
- pro Ochse .. 25 Sgr.
- » Schaf... 2½ »
- » Schwein . 5 »
- » Kalb ... 10 »

Gehen wir vom Seetransport zum Landtransport über, so ist vorab zu bemerken, dass in Bezug auf letztern ein grosser Unterschied zwischen der Fortschaffung des mageren und des fetten Viches und wiederum in Bezug auf die verschiedenen Viehgattungen selbst obwaltet. Alles magere Vieh erträgt den Landtransport auf den weitesten Strecken, wogegen das Treiben des Fettviehes nur für kürzere Wegstrecken zulässig ist, wenn dasselbe nicht erheblichen Schaden leiden soll. Während Schweine bekanntlich nur im magern Zustande für den Landtransport geeignet sind, können Ochsen und namentlich Schafe denselben gut ertragen. Einzelne Viehhändler ziehen bei Mastochsen den Landtransport für kurze Strecken sogar dem auf der Eisenbahn vor. Es ist jedoch dabei die Vorsicht zu treffen, dass die täglichen Touren höchstens 4-5 Stunden betragen und dass am ersten Tage mit einer kleinen Strecke begonnen werde. Uebrigens wird durch das Treiben des Viehes, wo man Eisenbahnen benutzen kann, keine Geldersparniss erzielt. Die Kosten für Land- und Eisenbahntransport stellen sich für kleinere Entfernungen ungefähr gleich, für grössere ist, ganz abgesehen von anderen Vortheilen, wie namentlich dem der Zeitersparniss, der Eisenbahntransport sogar erheblich billiger, als das Treiben. Setzen wir z. B. den Fall, dass eine Entfernung von 70 Meilen zurückgelegt werden soll, so kann dies mit der Eisenbahn bequem in 20—24 Stunden geschehen, beim Landtransport aber würden dazu mindestens 20 Tage erforderlich sein, während welcher so be-

Als Futtergeld wird in Geestemünde für den Tag berechnet:

pro Ochse .. $12^{1}/_{2}$ Sgr.
» Schaf... $2^{1}/_{2}$ »
» Schwein. 5 »
» Kalb ... 3 »

Ausserdem wird für die thierärztliche Untersuchung des Rindviehs, sowie für das darauf basirte Gesundheitsattest pro Stück $1-1^{1}/_{2}$ Sgr. bezahlt, je nachdem mehr oder wenige Thiere verladen werden.

deutende Fütterungskosten und Treiberlohn erwachsen, dass die Fracht dadurch viel überwogen wird. Also nur für kurze Wegstrecken ist bei den heutigen Communicationsmitteln der Landtransport empfehlenswerth.

Beim Eisenbahntransport des Viehes müssen freilich besondere Vorsichtsmassregeln beachtet werden. Hinsichtlich der Construction der Wagen, die zum Viehtransport dienen, kommt es darauf an, dass dieselben dem Vieh bei hinreichender Ventilation genügenden Schutz gegen Witterungseinflüsse gewähren. Ganz geschlossene Wagen sind desshalb wegen Mangel an frischer Luft ebenso zu verwerfen, wie die ganz offenen. Als die zweckmässigsten erweisen sich solche, die mit einer Decke zum Schutz gegen Regen und Sonne versehen und an der Seite bis zur derjenigen Höhe verschlossen sind, welche das Ueberspringen des Viehes unmöglich macht. Dabei muss noch ein hinreichender offener Raum zur Einführung frischer Luft übrig bleiben. Die gewöhnlichen Viehwagen der Eisenbahnen von 120 Quadratfuss Laderaum sind für 6 Stück Grossvieh oder 50 Schafe bestimmt. Sie reichen jedoch auch für 7 und selbst 8 Stück aus, wenn diese gedrängt aufgestellt werden. Wagen mit 150—160 Quadratfuss Laderaum dienen für 10—11 Haupt Grossvieh oder eine entsprechende Zahl von Schafen. Auf einigen Eisenbahnen sind Wagen für den Transport von Schafen eingerichtet, die einen doppelten Boden haben und 100 Stück aufzunehmen im Stande sind. Eine empfehlenswerthe Verbesserung neuerer österreichischer Vieheisenbahnwaggons besteht in der Einrichtung von Wasserrinnen zum Tränken des Viehes während der Fahrt, namentlich der Schafe. Diese Rinnen sind so angebracht, dass sie von aussen gefüllt werden können; dieselben erweisen sich namentlich für längere Touren und wenn die Wagen unter Zollverschluss stehen, als sehr nützlich. Die Frage, ob kleinere oder grössere Viehwagen den Vorzug verdienen, ist zu Gunsten der ersteren zu entscheiden, da in diesen bei eintretender Unruhe des Viehes das Drängen und Verletzen der Thiere weniger zu befürchten ist. Wenn trotzdem von einzelnen Viehhändlern grössere Waggons vorgezogen werden, so geschieht dies in Rücksicht auf die Ersparniss an Personal, welches dem Vieh zur Begleitung beizugeben ist. Entschieden muss man sich gegen das zu gedrängte Aufstellen des Viches aussprechen, weil es dadurch besonders bei heisser Witterung ausserordentlich leidet. Da nun selbst bei dem gedrängtesten Stande die Tragfähigkeit der Wagen nicht überschritten werden kann, so haben sich die meisten Eisenbahnverwaltungen bisher nicht veranlasst gefunden, die Zahl der in jedem Wagen zu verladenden Thiere streng zu controlliren. Es dürfte sich daher zur Beseitigung dieser Missstände empfehlen, eine solche Controlle scharf zu handhaben oder die Fracht pro Haupt und Meile zu erheben, wie dies auch Seitens der rheinischen Bahnverwaltung auf den von Mainz über Cöln nach Antwerpen gehenden Extraviehzügen eingerichtet ist. Für jeden mit Vieh gefüllten Wagen pflegt ein Begleiter angenommen zu werden, es genügt jedoch, dass für je 2—3 Wagen ein Wärter mitgegeben werde, dessen hauptsächliche Aufgabe darin besteht, das Niederlegen der Thiere zu verhindern, weil denselben dadurch leicht Quetschungen und andere Beschädigungen widerfahren. Tränken und Füttern des Viehes ist in den gewöhnlichen bisher gebräuchlichen Wagen nicht ausführbar; man muss sich begnügen, demselben etwas Brod oder in Wasser getauchtes Heu zu reichen; um so mehr empfiehlt sich daher die oben erwähnte Einrichtung der österreichischen Viehwagen, wodurch das Tränken auf der Reise ausserordentlich bequem ausgeführt werden kann.

Von besonderer Wichtigkeit ist es zu constatiren, wie lange das Vieh ohne wesentlichen Nachtheil in den Wagen jetziger Einrichtung verladen bleiben kann. Es gilt in dieser Hinsicht als Regel, bei längeren Touren die vierbeinigen Reisenden nach einer 18—20stündigen Fahrt auszuladen und ihnen eine zwölfstündige Ruhe zu gönnen, während welcher Zeit sie in Stallungen untergebracht, reichlich getränkt und gefüttert werden müssen.

Bei solchen Unterbrechungen der Fahrt und sorgsamer Pflege halten die Thiere mehrtägige Touren ohne Nachtheil aus. Grössere Reisen ohne Unterbrechung dem Vieh zuzumuthen, ist bedenklich. Mitunter werden dergleichen ausgeführt, die sogar 30 bis 40 Stunden in Anspruch nehmen, aber sie sind immer mit Gefahren für die Thiere verbunden, die dadurch in einen aufgeregten, fieberhaften Zustand versetzt werden. Uebrigens kommt es dabei sehr auf die Jahreszeit an, in welcher die Fahrten stattfinden, und ferner, ob der Transport in durchgehenden (Vieh-) Zügen oder auf den gewöhnlichen Güterzügen stattfindet. Die Stösse, welche das Vieh beim öftern Anhalten der Züge erleiden muss, greifen es ausserordentlich an und verursachen leicht Quetschungen und andere Beschädigungen. Ebenso ist der Transport bei heisser Witterung sehr anstrengend, namentlich wenn die mit Vieh angefüllten Wagen längere Zeit unbefördert auf den Stationen den brennenden Sonnenstrahlen ausgesetzt werden, wie man dies bisweilen beobachten kann. Schon deshalb bieten durchgehende Viehzüge, wie solche auf der rheinischen und einigen andern Bahnen eingerichtet sind, bedeutende Vortheile und es ist daher dringend zu wünschen, dass dieses Beispiel recht bald allgemeine Nachahmung finde.

Bei dem Eisenbahn-Viehtransporte ist ferner zu beachten, dass das Verladen der Thiere nicht unmittelbar nach einem ermüdenden Marsche oder nicht sofort nach einer reichlichen Fütterung geschieht. Im letzteren Falle tritt leicht Unverdaulichkeit ein, an deren Folgen das Vieh sehr leidet.

Die gewöhnlichen Güterzüge legen, den Aufenthalt auf den Stationen eingerechnet, in der Stunde $2-2\frac{1}{2}$ Meilen zurück, die durchgehenden Viehzüge dagegen $3\frac{1}{3}-3\frac{2}{3}$ Meilen, nach welchen Sätzen die Fahrzeit des Viehtransports für bestimmte Strecken leicht zu berechnen ist.

Wird der Viehtransport auf den Eisenbahnen mit Beobachtung der nöthigen Vorsichtsmassregeln ausgeführt, so ist derselbe mit nur sehr geringen Verlusten verbunden. In einzelnen Fällen ist ein Stück Vieh durch Entspringen aus Wagen mit zu niedrigen Seitenwänden während der Fahrt verunglückt. Sonstige Beschädigungen als Beinbrüche beim Verladen oder Quetschungen des Viches bei zu gedrängtem Stande oder Niederlegen desselben kommen gleichfalls selten vor. Ganz besondere Aufmerksamkeit erfordert übrigens der Transport der Schweine und Schafe, deren zu gedrängtes Verladen namentlich im Sommer für längere Touren vermieden werden muss. Nach den Erfahrungen bedeutender Viehhändler beträgt der Verlust bei den Eisenbahn-Viehtransporten nicht ganz ein Procent.

Was die Kosten des Eisenbahntransportes betrifft, so bieten die Tarifsätze der verschiedenen Gesellschaften mancherlei Abweichungen dar, wie dies beispielsweise aus den Frachtsätzen der folgenden Bahnen ersichtlich ist.

1. Auf der Rheinischen Eisenbahn.

Pro Wagenladung und Meile 24 Sgr.

Eine ganze Wagenladung besteht aus 6 Pferden, 6 Ochsen oder fetten Kühen, 9 mageren Kühen, 12 Rindern, Fohlen oder Eseln, 20 fetten Schweinen, 40 mageren Schweinen, 100 Ferkeln, 30 Kälbern oder Ziegen, 50 Schafen.

Bei Theilladungen wird zu $\frac{1}{3}$ Wagenladung, d. h. jede angefangene als volle Drittel-Ladung gerechnet.

Werden auf einen Wagen mehr Stücke als die vorstehend angegebene Maximalzahl einer Wagenladung geladen, dann ist für jedes Stück mehr der entfallende Betrag, nach der Stückzahl der ganzen Wagenladung berechnet, zu bezahlen.

Für jeden Viehwagen wird ein Begleiter, der auf dem Viehwagen Platz nimmt, frei befördert.

Auf den Extraviehzügen von Mainz über Cöln nach Antwerpen wird pro Haupt Grossvieh und Meile nur 3 Sgr. bezahlt.

2. **Auf der Hessischen Ludwigsbahn.**

Pro Wagenladung und Meile etwa 1 fl. 12 kr.

Pferde und anderes Vieh werden nur in ganzen und halben Wagenladungen befördert. Eine ganze Wagenladung besteht in

6 Stück Pferde oder Mastochsen,
8—10 „ mageren Rindviehs, Fohlen oder Esel,
24—30 „ grössere Schweine,
30—40 „ Schafe, Kälber, Ziegen oder Mastschweine,

die halbe Wagenladung bis zur Hälfte dieser Stückzahl.

Werden auf einen Wagen mehr Thiere, als vorstehend angegeben geladen, so gilt dieselbe Bestimmung wie ad 1.

Der Begleiter muss ein Billet lösen, er mag im Personen- oder im Viehwagen Platz nehmen.

3. **Auf der Rhein-Nahe, Saarbrücker-, und Saarbrücken-Trierer-Eisenbahn.**

Pro Wagenladung und Meile circa $21\frac{1}{2}$ Sgr.

Auf eine Wagenladung werden gerechnet:

6 Stück Pferde, gemästete Ochsen oder fette Kühe,
8 „ magere Ochsen, magere Kühe, Rinder oder Füllen,
40 „ Kälber, magere Schweine, Schafe und Ziegen,
30 „ fette Schweine,
100 „ Ferkel.

Die Begleiter haben Personenbillete zu lösen, und zwar, wenn sie im Viehwagen Platz nehmen, Billets für die niedrigste Wagenklasse.

4. **Auf der Main-Neckar-Bahn.**

Pro Wagenladung und Meile circa 1 fl. 24 kr.

Eine Wagenladung besteht in

6 Stück Pferden oder Mastochsen,
8—10 „ mageres Rindvieh, Fohlen oder Esel,
21—30 „ Schweine,
31—40 „ Schafe, Kälber, Ziegen oder Ferkel.

Der Begleiter muss ein Billet lösen.

Bei Beförderung von geringerer Stückzahl als vorstehend angegeben, treten höhere Preise ein.

5. Auf der königl. Würtembergischen Bahn.

Für Pferde und Vieh in ganzen Wagenladungen ohne Unterschied der Thiergattung pro Meile bei Güterzügen und gemischten Zügen:

für einen zweiachsigen Wagen unter $5\frac{1}{2}$
Meter Länge . . . . . . 1 fl. 17 kr.
für einen solchen von $5\frac{1}{2}$ Meter Länge
und mehr . . . . . . 1 „ 38 „
für doppelbödige Wagen 50% Zuschlag zu
den obengenannten Taxen;
für einen vierachsigen Wagen . . . 2 „ 34 „

Bei verlangter Beförderung mit Personenzügen tritt eine Erhöhung von 20% ein.

6. Auf der Nassauischen Bahn.

Pro Wagenladung und Meile circa 1 fl. 35 kr.

Die Wagenladung berechnet sich wie bei der Main-Neckar-Bahn.

Werden auf einen Wagen mehr Stück als die angegebene Maximalzahl geladen, dann ist für jedes Stück mehr der ratirliche Betrag zu entrichten.

Der Begleiter muss ein Billet lösen.

7. Auf der Cöln-Mindener Eisenbahn.

Pro Wagenladung und Meile c. 23 Sgr.

Die Beförderung von Vieh geschieht nur in ganzen und Drittel-Ladungen.

Eine ganze Ladung eines vierrädrigen Wagens darf, sofern der Raum des Wagens es gestattet, bestehen aus:

7 Stück Ochsen oder fette Kühe,
9 „ magere Kühe,
12 „ Rinder, Esel, Fohlen.
6 „ Koppelpferde.

Zu jedem Viehwagen ist einem Führer die unentgeltliche Mitfahrt gestattet.

8. **Auf der Bergisch-Märkischen Eisenbahn.**

In Allem wie ad 7.

9. **In dem Verkehre des Rheinischen Eisenbahn-Verbandes**
(umfassend die Rheinische Bahn im Verkehre mit der Pfalz, Baden, und Würtemberg).

Pferde und Vieh pro Meile:
1. in gewöhnlichen Güter- oder Viehwagen:
   a. ein Wagen unter $5^{1}/_{2}$ Meter Bodenlänge . 22 Sgr.
   b. „   „   von $5^{1}/_{2}$ Meter und mehr Bodenlänge . . . . 28 „
2. in doppelbödigen Wagen
   a. ein Wagen unter $5^{1}/_{2}$ Meter Bodenlänge . 33 „
   b. „   „   von $5^{1}/_{2}$ Meter und mehr Bodenlänge . . . . 42 „

Der Begleiter muss ein Billet lösen.

Dem Versender bleibt es überlassen, in die Wagen so viele Thiere zu verladen, als Raum und Tragfähigkeit es gestatten.

10. **In dem Verkehre des norddeutschen Eisenbahn-Verbandes**
(umfassend die Bahnen von Deutz bis Berlin).

Für Pferde und grosses Vieh in Wagenladungen für je 10 □Fuss engl. Laderaum der gestellten Wagen pro Meile . . . . $2^{1}/_{4}$ Sgr.
für kleines Vieh in einfachen Wagen . . $1^{1}/_{2}$ „
für kleines Vieh in doppelbödigen Wagen . $2^{3}/_{4}$ „

Unter 5 Fuss werden gar nicht, 5 Fuss und darüber für volle 10 Fuss gerechnet.

11. **In dem rheinisch-thüringischen Eisenbahn-Verbande.**

Der Transport von Vieh und Pferden in gewöhnlichen Güterwagen wird in ganzen Wagenladungen zum Preise von $11^{1}/_{4}$ Sgr. pro Achse und Meile übernommen.

Für jede Wagenladung erhält ein Begleiter sowie ein Hund freie Beförderung.

12. Auf den holländischen Bahnen.

Die Transportkosten werden nach dem Laderaum berechnet, und zwar für jede 10 Quadratfuss der gestellten Wagen pro Meile
für Grossvieh in bedeckten und unbedeckten
Wagen . . . . $2^1/_4$ Sgr.
für Borstenvieh und Schafe:
in einfachen Wagen . . . . $1^1/_2$ „
in doppelbödigen Wagen . . . $2^3/_4$ „

Die vorstehenden Angaben über die Viehtransportkosten zeigen weder hinsichtlich der Tarifsätze, noch auch darin, ob der begleitende Treiber freie Fahrt hat oder ein besonderes Personengeld zahlen muss, Uebereinstimmung. Wollte man sich auf eine ausführliche Mittheilung und Vergleichung der Tarife aller deutschen Bahnen und der wichtigsten des Auslandes einlassen, so würde dies zu weit führen. Auch wäre eine solche Zusammenstellung nur von bedingtem Werthe, da häufig Veränderungen in den Tarifsätzen einzelner Bahnen selbst nach kurzer Zeit vorkommen. Für den vorliegenden Zweck kam es uns darauf an, dem deutschen Landwirth das Material zur Kostenberechnung des Viehexportes so weit an die Hand zu geben, dass er selbst im Stande ist, einen ungefähren Kostenüberschlag anzustellen. Zu diesem Behuf können alle kleinen Abweichungen in den Tarifsätzen unberücksichtigt bleiben.

Man wird der Wahrheit in der Kostenberechnung ziemlich nahe kommen, jedenfalls aber keines zu niedrigen Ansatzes sich schuldig machen, wenn man durchschnittlich pro Meile und Waggon mit 120 ◻ Fuss Laderaum 25 Sgr. und freie Fahrt des Treibers behufs des Kostenüberschlages annimmt.

Hinsichtlich der übrigen Kosten des Eisenbahn-Viehtransportes ist noch die Ausgabe für Desinfection der Wagen, welche füglich niemals unterlassen werden sollte, zu erwähnen. Wenn dieselbe nicht Seitens der Viehversender selbst geschieht, so berechnet die Mehrzahl der

Eisenbahnverwaltungen für jeden Wagen eine einmalige Gebühr von 15 Sgr.

X. Die Bedeutung des Londoner Viehmarktes für das Ausland.

Aus den Mittheilungen und Erörterungen der bisherigen Abschnitte wird der Leser bereits die Ueberzeugung geschöpft haben, dass die Bedeutung des Londoner Viehmarktes für das Ausland eine ganz ungewöhnliche sei. Der so bedeutende und noch immer zunehmende Verbrauch des dorthin zum Verkauf gebrachten Viehes, sowie die vielseitige Betheiligung des Continents an der Vieheinfuhr nach England lassen dies schon zur Genüge erkennen: bedenkt man aber, dass in allen den verschiedenen Ländern, welche sich bisher daran betheiligt[1], eine erhebliche Steigerung des Viehexports nach London stattgefunden hat und noch immer stattfindet, so kann man dadurch in der Ansicht, dass derselbe mit erheblichen Vortheilen verbunden sein müsse, nur bestärkt werden.

Es ist auch nicht für die nächste Zeit zu befürchten, dass bei vermehrter Viehausfuhr nach London, selbst wenn dieselbe noch bedeutendere Dimensionen annehmen sollte, etwa eine Ueberfüllung des dortigen Marktes eintreten werde. Vielmehr könnte man die Besorgniss hegen, dass bei dem schnellen Anwachsen der Bevölkerung der Hauptstadt und des dadurch vermehrten Bedarfes an Fleischnahrung eher ein Mangel als ein Ueber-

---

[1] Davon machen nur Norwegen und Amerika eine Ausnahme. Dieses wegen zu grosser Entfernung, welche den Viehtransport als ein missliches Geschäft erscheinen lässt, jenes wegen der zu geringen Qualität des Viehes, wie diess die Viehzufuhr aus Schweden neuerdings, seitdem die dortige Viehzucht sich gehoben, beweist.

fluss sich einstellen möchte. Denn auf einen erheblichen Zuschuss von Vieherzeugnissen aus dem eigenen Lande kann für London um so weniger gerechnet werden, als die Rinderpest manche Heerden vernichtet, andere gelichtet hat und nach den neuesten Nachrichten auch noch immer nicht als erloschen zu betrachten ist. Ausserdem muss in Betracht gezogen werden, dass der Fleischconsum in den Industrie-Districten Englands ein sehr ansehnlicher ist und sich täglich vermehrt.

Wenn man die in den früheren Abschnitten zusammengestellten Fleisch- und Viehpreise des Londoner Marktes mit den Preisen in Deutschland vergleicht, welche in den letzten Jahren eine nicht unerhebliche Steigerung erfahren haben, so ergiebt sich zwischen beiden kein grosser Unterschied, wenn wir von den Preisen der durch Eisenbahnen und andere Verkehrsmittel wenig erschlossenen Gegenden absehen und besonders das Vieh mittlerer und geringerer Qualität berücksichtigen. Man könnte hiernach zu dem Schlusse geneigt sein, dass mit der Viehausfuhr nach England sich ein irgendwie namhafter Gewinn nicht erzielen lasse. Diesem Zweifel an der Vortheilhaftigkeit eines derartigen Geschäftes ist aber wieder die Thatsache des sich immer mehr steigernden Viehexportes nach England entgegenzustellen, welcher selbst in den Gegenden, wo erst vor einigen Jahren im kleinsten Massstabe damit begonnen wurde, in immer wachsender Progression Platz greift. Die Gründe dafür, dass trotz des unerheblichen Preisunterschiedes doch noch Gewinn beim Viehexport nach England erzielt wird, lassen sich leicht auffinden. Zunächst kommt dabei der schnelle und grossartige Umsatz der Grossschlächter Londons in Betracht, die sich in Folge dessen mit einem verhältnissmässig geringen Procentsatz ihres Betriebskapitals begnügen und dennoch ein gutes Geschäft machen. Wiederum verstehen die Kleinschlächter und Fleischhändler, welche ihren Bedarf hauptsächlich auf den von den Grossschlächtern versorgten Fleischmärkten erhalten, durch geschickte Sortirung des Fleisches im Detailhandel einen ziemlich hohen

Gewinn aus dem von ihnen im Ganzen gekauften Fleische zu erzielen und finden somit bei schnellem Umsatze gleichfalls ihre Rechnung. Zum Beleg dafür wollen wir eine vor kurzem in der Times veröffentlichte, von sachkundiger Seite gemachte Mittheilung über die Verwerthung des Viehes und den daraus Seitens der Schlächter und Fleischhändler erzielten Gewinn hier im Auszuge anführen.

Ein gut gemästeter Ochse von 100 Stones à 8 ℔ Schlächtergewicht, welcher dem Fleischer im Einkaufe bei einem Preise von 5 s. 5 d. pro Stone in runder Summe 27 £. gekostet hat, wird bei gehöriger Fleischsortirung folgendermassen verwerthet:

Hintertheil.

		L.	s.	d.
68 ℔	oberes Schwanzstück	2	16	8
80 »	Lendenstück	3	3	4
70 »	Mittelschwanzstück	2	15	5
48 »	unteres Schwanzstück	1	12	—
52 »	dicke Kreuzballen	1	19	—
24 »	dünne Weichen	—	17	—
34 »	Beine	—	12	9

Vordertheil.

		L.	s.	d.
68 ℔	erste Rippen	2	13	10
48 »	Mittelrippen	1	16	—
120 »	oberer Rippentheil	4	5	—
56 »	Bruststück	1	17	4
38 »	unteres Halsstück	1	6	4
52 »	Wamme	—	18	4
24 »	Beine	—	9	—
38 »	Nabel	1	5	4
	Zunge	—	5	—
	Kopf	—	6	—
	Nierenfett	—	10	—
	Herz	—	2	6
	Schwanz	—	1	—
	Nieren	—	1	4
	Leber	—	1	6
	Abfälle, Haut, Klauen, Hörner, Talg und Blut	1	14	—
	Summe	31	8	8

Wenn diese Berechnung zeigt, dass die ursprünglichen Kosten des Ankaufs von 27 £. durch den Ausverkauf zu 31 £. 8 s. 8 d. geworden sind, so ergiebt dies einen Ueberschuss von 4 £. 8 s. 8 d. Zieht man hiervon die Geschäftsunkosten mit etwa 50%, ab, so bleibt ein Reingewinn von 2 £. 4 s. 4 d. auf 27 £. oder von ungefähr acht Procent des Anlagekapitals. Bei den eigenthümlichen Einrichtungen des Londoner Schlächtergewerbes, bei welchem, wie oben erwähnt, die Kleinschlächter von den Grossschlächtern mit Fleisch versorgt werden, um den Detailverkauf zu bewerkstelligen, vertheilt sich dieser Profit auf beide Klassen. Um die Höhe des jährlichen Gewinnes zu bezeichnen, bemerkt der erwähnte Berichterstatter in der Times weiter, dass das Geschäft in klingender Münze abgemacht werde, indem die Bezahlung vierteljährlich, monatlich, wöchentlich oder auf der Stelle erfolgt. Nimmt man nun an, dass der Schlächter sein Geld einmal im Monat zu 8% umschlägt, so werden bei ihm 100 £. am Ende des Jahres auf 251 £. gestiegen sein; während bei zweimonatlichem Umschlage zu 8% dieselbe Summe in 12 Monaten wenigstens auf 158 £. angewachsen ist, gewiss ein immerhin noch recht vortheilhaftes Geschäft, selbst wenn der oben für das Schlachten eines Hauptes Grossvieh berechnete Gewinn sich niedriger stellen sollte. Somit ist es theils der Grossartigkeit des Fleischbedarfs der Weltstadt, theils dem schnellen Umschlage im Verkehr derselben, bei welchem sich der Einzelne auch mit einem geringen Gewinne begnügt, zuzuschreiben, dass trotz des unbedeutenden Unterschiedes der Londoner und der continentalen Fleischpreise der Viehexport nach England Gewinn bringt. Auch unterliegt es keinem Zweifel, dass wegen des thatsächlichen Vortheils die Einfuhr des fremden Viehes nach London sich noch erheblich steigern werde. Was Deutschland betrifft, so stellen einzelne Gegenden, wir nennen nur Schleswig-Holstein, dazu schon jetzt bedeutende Contingente, die noch im beständigen Steigen begriffen sind. Eine wesentliche Vermehrung des Viehexports nach London ist zunächst von Süddeutschland und Oesterreich zu erwarten. So werden allein durch den Viehhändler Joh. Alef zu Cöln aus Würtemberg und Bayern allwöchentlich 100—150 Mastochsen nach dem Londoner Markt versandt. Das Vieh geht von München oder Stuttgart über Mainz nach Antwerpen oder Geestemünde (früher nach Rotterdam), von wo aus es nach London verschifft wird. Auf der Eisenbahntour wird dasselbe nur einmal, in Bischofsheim bei Mainz, ausgeladen, um gefüttert zu werden. Nach der Angabe des Händlers Alef betragen die Transportkosten von München über Rotterdam oder Antwerpen nach London pro Haupt Grossvieh 22 Thlr. und von Stuttgart oder Heilbronn nur 15 Thlr. Ebenso ist der Transport aus Oesterreich schon jetzt trotz der weiten Entfernung nicht unbedeutend. Derselbe geht direct von Wien nach London vor sich und nimmt sieben Tage in Anspruch. Vor dem Ausbruche der Rinderpest wurde das Vieh von Rotterdam, jetzt von Bremen, Geestemünde oder Hamburg verschifft. Der Viehhändler Hirschler in Wien lässt jeden Samstag vom Februar bis zum Juni einen Separat-Viehzug von 18—20 Wagen mit 140—150 Stück von dort abgehen, welcher in 36—40 Stunden Eisenach erreicht. Hier wird das Vieh ausgeladen, in Ställen untergebracht, gefüttert und ihm 12 Stunden Ruhe gegönnt. Dann geht es ohne Unterbrechung bis Geestemünde weiter oder bis zu einem andern der oben genannten Hafenplätze. Der Zug erreicht Geestemünde am Mittwoch früh, wo das Vieh bis Donnerstag 8 Uhr Morgens oder 1 Uhr Mittags, je nach Ebbe und Fluth, verbleibt, um darauf nach London eingeschifft zu werden. Je nach der früheren oder späteren Abfahrt von Geestemünde landen die Schiffe im Londoner Hafen in der Nacht vom Freitag auf Sonnabend oder Sonnabend früh, wo das Vieh sofort ausgeladen und bis zum Montagmarkte in Ställen untergebracht wird. Während der Seeüberfahrt werden die Thiere getränkt und mit etwas Heu gefüttert. Auf dieser langen und anstrengenden Reise, während welcher das Vieh einen zweima-

ligen Eisenbahntransport von je 36—40 Stunden ohne
Futter und Trank, und darauf eine zweitägige Seefahrt
zu ertragen hat, soll dasselbe doch nur wenig leiden.
Nach den von Hirschler gemachten Erfahrungen betragen
die wirklichen Verluste nicht ganz 1 %, welche hauptsächlich in Unglücksfällen, als Beinbrüchen oder Quetschungen beim Ein- und Ausladen auf den Eisenbahnen
und Schiffen bestehen. Die Gesammtkosten des Transports einschliesslich der Fütterung und anderer Nebenausgaben von Wien bis zum Londoner Markte betragen
nach Hirschlers Angaben pro Stück 5 £. ($33^1/_3$ Thlr.).
Es begreift sich, dass nur schweres Vieh einen so kostspieligen, weiten Transport lohnt. Das von Hirschler versandte Vieh hat durchschnittlich ein Schlächtergewicht
von 85—120 Stones (680—970 Pfund engl.) und wird zu
20—28 £. ($133^1/_3$—$183^1/_3$ Thlr.) auf dem Londoner Markte
abgesetzt.

Was insbesondere den Viehexport aus dem Königreiche Preussen nach London betrifft, so haben wir schon
oben angeführt, dass sich daran bereits seit mehreren
Jahren die Mehrzahl der Provinzen in immer steigendem
Verhältnisse betheiligt hat. Namentlich gilt dies von
Sachsen und Brandenburg, während die Viehausfuhr nach
England aus den anderen östlichen Provinzen eine weniger lebhafte war. Besonders auffallend erscheint es,
dass die Provinz Preussen sich an der Beschickung des
Londoner Viehmarktes bis jetzt nur in einem sehr geringen Masse betheiligt hat, obgleich die dortigen Verhältnisse namentlich in den Niederungen sich zur Viehzucht und Mastung vorzüglich eignen. Die Transportkosten wenigstens dürfen von einem Versuche, von dort
aus Vieh nach England zu senden, gewiss nicht abschrecken, nachdem der erheblich weitere Export von
Wien sich als lohnend erwiesen hat. Selbst die Ausfuhr
über Berlin und Hamburg nach London dürfte noch Vortheil bringen; bedeutend günstiger aber würde sich der
Export bei directer Seeüberfahrt von Danzig, Elbing oder
Königsberg gestalten, was auffallender Weise bisher noch

nicht versucht worden ist. Die Seeüberfahrt aus jenen Häfen nach London würde je nach Witterung und Jahreszeit 4—6 Tage erfordern, ein Zeitraum, während dessen das Vieh auf zweckmässig eingerichteten Schiffen und bei gehöriger Pflege die Reise nach den bei den Viehsendungen aus Portugal und Spanien gemachten Erfahrungen sehr gut erträgt. Bei directer Seeüberfahrt aus den ost- oder westpreussischen Häfen ist eine erhebliche Ermässigung der Transportkosten anzunehmen; nach Massgabe der Verschiffungskosten auf anderen Routen würden dieselben einschliesslich der Fütterungskosten pro Haupt Grossvieh die Summe von 2 £. (13$\frac{1}{3}$ Thlr.) nicht übersteigen. Es dürfte sich daher wohl empfehlen, mit der directen Viehausfuhr aus der Provinz Preussen recht bald einen Versuch anzustellen, wozu auch englische Commissionäre bereits mehrfach aufgefordert haben. Ergeben die ersten Versuche ein befriedigendes Resultat, so dürfte sich eine allgemeinere Betheiligung an dem Viehexportgeschäfte erwarten lassen, und auch bald würde von einer Dampfschifffahrtsgesellschaft eine regelmässige Seeüberfahrt für den Viehtransport aus den preussischen Häfen eingerichtet werden[1]). Zunächst kommt es also darauf an, dass einzelne Landwirthe der Provinz diese Angelegenheit in die Hand nehmen und die ersten Versuche selbst ausführen. Richtig angefangen, dürfte das Unternehmen wohl gelingen und durch die Eröffnung einer solchen Absatzquelle jener grossen Provinz ein wichtiges Mittel zur Hebung ihrer Landwirthschaft, auf die sie vorzugsweise angewiesen ist, dargeboten werden.

In dem ehemaligen Königreich Hannover haben schon seit Jahren die Marschgegenden an dem Viehexport nach London sich betheiligt, weniger die älteren westlichen Provinzen des preussischen Staates, Westfalen und Rhein-

---

[1]) Noch mehr würde der directe Seetransport von Mastvieh aus den preussischen und pommerschen Häfen gewinnen, wenn erst der grosse holsteinische Kanal, der die Ostsee mit der Nordsee verbinden soll, vollendet wäre.

provinz, welche letztere hauptsächlich nur vom Niederrhein Fettvieh zur Ausfuhr liefert. Von grosser Wichtigkeit dagegen verspricht der Viehexport aus den gebirgigen Districten der Rheinprovinz, insbesondere aus der Eifel zu werden, welche in der Viehzucht einen Hauptstützpunkt für die Verbesserung ihrer wirthschaftlichen Verhältnisse suchen muss. Alle bisherigen Bemühungen, durch Verbesserung des Wiesenbaues und die Cultur der künstlichen Futterkräuter auf die Hebung der dortigen Viehzucht einzuwirken, hatten noch immer nicht den erwünschten Erfolg, weil es an lohnendem Absatze fehlte. Dafür verspricht nun die bereits in Angriff genommene Eifelbahn ein höchst fördersames Moment zu werden, indem sie den Absatz aller landwirthschaftlichen Erzeugnisse wesentlich erleichtern wird. Nach dem festgestellten Plane geht die Bahn von Düren über Euskirchen nach Call, bis wohin sie noch in diesem Jahre fertig gestellt werden wird. Von Call wird sie die Punkte Blankenheim, Hildesheim, Geroltstein, Birresborn, Kyllburg, Erdorf, Speicher, Cordel, Ehrang berühren und in Trier münden. In der fruchtbaren Gegend von Düren und Euskirchen sind Rindviehzucht und Mastung in steter Verbesserung begriffen und wird deren weitere Vervollkommnung und Ausdehnung bei erleichtertem Absatz sicherlich nicht fehlen. Dagegen ist eine Viehausfuhr aus den Bergbaudistricten der Eifel nicht anzunehmen, deren ausgedehnte Blei- und Eisenwerke eine im Verhältniss zur Ertragsfähigkeit der Gegend starke Bevölkerung bedingen, andererseits für die im Dienste des Berg- und Hüttenwesens befindlichen Gespanne grosse Futtermassen erfordern. Die sehr gebirgige Gegend zwischen Call und Blankenheim ist für die Viehzucht minder günstig; sie eignet sich hauptsächlich nur für Schafzucht, wogegen die Districte von Blankenheim an über Hildesheim nach Geroltstein vorzüglichen Klee-Esparsette- und Luzerne-Boden, sowie günstiges Wiesenterrain besitzen, auf dem sich bei gutem Absatz sicherlich eine einträgliche Rindviehzucht und Mast schaffen lässt. Von Geroltstein an wird die Bahn die eigentlichen Viehzuchtdistricte der Eifel, den südlichen Theil des Kreises Bitburg, des Kreises Wittlich und den Trierer Landkreis durchschneiden, wo die Viehzucht in den letzten Jahren bereits einen erfreulichen Aufschwung genommen hat. Aber der günstige Einfluss der Eifelbahn auf den Transport der landwirthschaftlichen Producte und namentlich des Viehes wird sich ferner auch auf die Saargegend, insbesondere den für die Viehzucht trefflich geeigneten Saargau erstrecken. Allen diesen Landschaften wird der Bau der Eifelbahn wesentliche Vortheile darbieten, so dass der Wunsch, jenes für die Hebung der Landwirthschaft der Eifel hochwichtige Unternehmen eifrig gefördert zu sehen, gewiss ein berechtigter ist.

Wir haben uns in den vorhergehenden Abschnitten bemüht, die mit dem Viehexport verbundenen Kosten in möglichster Ausführlichkeit mitzutheilen, um dadurch Jedermann in den Stand zu setzen, für jeden bestimmten Fall einen genügenden Kostenüberschlag selbst zu fertigen. Beispielsweise lassen wir im Nachstehenden einzelne solcher Kostenberechnungen folgen.

I. Kosten des Transports und Verkaufs eines Stücks Grossvieh, dessen Zusendung von Berlin über Hamburg nach London geschieht:

	Thl.	Sgr.	Pf.
1. Eisenbahn-Kosten pro Waggon zu 7 Stück von Berlin nach Hamburg 38 Meilen à 25 Sgr.	31	20	—
für Desinfection des Wagens	-	15	—

Kosten des Viehtreibers, welcher für zwei Waggons genügt, so dass nur die Hälfte der Ausgaben zur Berechnung kommt. Da der Treiber bei dem Viehtransport freie Fahrt hat, so sind nur die Kosten der Rückfahrt, sowie der Lohn zu berechnen

	Thl. Sgr. Pf.	Thl. Sgr. Pf.
Fahrgeld	4 5 —	
3 Tage Lohn à 1 Thlr. . .	3 — —	
	7 5 —	
davon die Hälfte	3 17 6	
zusammen		35 22 6

Die Eisenbahnkosten betragen mithin pro
Stück in runder Summe . . . .   5 5 —
2. Futterkosten in Hamburg   — 10 —
3. Kosten der Ueberfahrt . . . .   6 20 —
4. Verkaufskosten in London incl. Futtergeld
 für 2 Tage   . . . 3 22 6

                   Summa 15 27 6
oder in runder Summe pro Haupt 16 — —

II. Kosten pro Haupt Grossvieh bei der Zusendung von Breslau über Berlin, Hamburg nach London.

                                 Thl. Sgr. Pf.
Zu den vorberechneten Kosten pro Haupt mit 15 27 6

	Thl. Sgr. Pf.	
1. Die Eisenbahn-Transportkosten von Breslau nach Berlin 42 Meilen à 25 Sgr.	35 — —	
für Desinfection des Wagens .	— 15 —	
Kosten des Viehtreibers, Rückfahrt und Lohn:		
	Thl. Sgr. Pf.	
Fahrgeld .	4 22 6	
2 Tage Lohn .	2 — —	
	6 22 6	
davon die Hälfte	3 11 3	
zusammen	38 26 3	
mithin auf ein Haupt		5 16 7
2. Futterkosten in Berlin . .		— 10 —
zusammen		21 24 1

oder in runder Summe pro Haupt 22 — —

III. Kosten pro Haupt Grossvieh bei der Zusendung von Posen über Berlin, Hamburg nach London.

	Thl. Sgr. Pfg.
Zu den vorberechneten Kosten pro Haupt	15 27 6

	Thl. Sgr. Pfg.
1. die Eisenbahn-Transportkosten von Posen über Kreuz nach Berlin, 39½ Meilen à 25 Sgr.	32 27 6
für Desinfection des Wagens	— 15 —

Kosten des Viehtreibers, Rückfahrt und Lohn:

	Thl. Sgr. Pfg.
Fahrgeld	3 29 6
2 Tage Lohn	2 — —
	5 29 6
davon die Hälfte	2 29 9

zusammen	36 12 3
mithin pro Haupt	5 6 —
2. Futterkosten	— 10 —
zusammen	21 13 6
oder in runder Summe pro Haupt	21 15 —

IV. Kosten pro Haupt Grossvieh bei der Zusendung von Danzig über Berlin und Hamburg nach London.

	Thl. Sgr. Pfg.
Zu den oben von Berlin ab berechneten Kosten pro Haupt	15 27 6

	Thl. Sgr. Pfg.
1. Eisenbahn-Transportkosten von Danzig nach Berlin 69 Meilen à 25 Sgr.	57 15 —
für Desinfection des Wagens	— 15 —

Kosten des Treibers, Rückfahrt und Lohn:

	Thl. Sgr. Pfg.
Fahrgeld	6 27 6
3 Tage Lohn à 1 Thl.	3 — —
	9 27 6

	Thl.	Sgr.	Pf.	Thl.	Sgr.	Pf.
davon die Hälfte	4	28	9			
zusammen	62	28	9			
mithin pro Haupt				8	29	10

2. Futterkosten . . . . — 10 —

        Summa 25 7 4

 oder in runder Summe pro Haupt 25 —

Bei directem Schiffstransport von Danzig nach London würden sich die Kosten folgendermassen berechnen;

             Thl. Sgr. Pf.

1. Kosten des Seetransports incl. Fütterung und Wartung pro Haupt 2 £ . . . . 13 10 —
2. Verkaufskosten in London incl. Futtergeld für 2 Tage 3 22 6

        zusammen 17 2 6

V. Kosten pro Haupt Grossvieh bei der Zusendung von Emmerich über Rotterdam nach London.

         Thl. Sgr. Pf. Thl. Sgr. Pf.

1. Eisenbahn-Transportkosten, Fracht pro Waggon zu 7 Stück für 7 Meilen à 25 Sgr. . . . . . 5 25 —
für Desinfection des Wagens . — 15 —
Kosten des Treibers, Rückfahrt und Lohn:

	Thl.	Sgr.	Pf.
Fahrgeld .	1	5	—
1 Tag Lohn .	1	—	—
	2	5	—
davon die Hälfte	1	2	6

     zusammen 7 12 6

  mithin pro Haupt in runder Summe 1 2 6

2. Futterkosten . . . . — 10 —
3. Kosten der Seeüberfahrt . . . . 5 — —
4. Verkaufskosten incl. Futtergeld für 2 Tage 3 22 6

        Summa 10 5 —

 oder in runder Summe pro Haupt 10 — —

VI. Kosten pro Haupt Grossvieh bei der Zusendung von Euskirchen über Düren und Antwerpen nach London.

	Thl. Sgr. Pfg.	Thl. Sgr. Pfg.
1. Eisenbahn-Transportkosten Fracht pro Waggon zu 7 Stück für 32 Meilen à 25 Sgr.	26 20 —	
für Desinfection des Wagens	— 15 —	
Kosten des Treibers, Rückfahrt und Lohn:		

	Thl. Sgr. Pfg.
Fahrgeld	3 15 —
2 Tage Lohn	2 — —
	5 15 —
davon die Hälfte	2 22 6

zusammen 29 27 6

mithin pro Haupt   4 8 3
2. Futterkosten . . . . — 10 —
3. Kosten der Seeüberfahrt . . . . 5 — —
4. Verkaufskosten incl. Futtergeld für 2 Tage 3 22 6

Summa 13 10 9

oder in runder Summe pro Haupt 13 10

VII. Kosten pro Haupt Grossvieh bei der Zusendung von Wien nach London.

a. Route über Passau, Eisenach, Geestemünde nach London:

	Thl. Sgr. Pfg.
1. Eisenbahn Transportkosten pro Waggon zu 7 Stück von Wien nach Geestemünde 166 Meilen à 25 Sgr.	138 10
für Desinfection des Wagens	— 15 —
Kosten des Viehtreibers Rückfahrt und Lohn:	

| | Thl. | Sgr. | Pf. | Thl. | Sgr. | Pf. | Thl. | Sgr. | Pf. |

von Geestemünde bis Cassel 4 17 6
„ Cassel „ Passau 7 10 —
„ Passau „ Wien 4 22 6
─────────
16 20
6 Tage Lohn à 1 Thlr. 6 — —
─────────
22 20 —
davon die Hälfte 11 10 —
zusammen 150 5 —

Die Eisenbahnkosten betragen mithin pro
  Stück 21 13 7
2. Futterkosten . . . . 1 — —
3. Kosten der Ueberfahrt . . . . 6 20 —
4. Verkaufskosten in London incl. Futtergeld
  für 2 Tage 3 22 6
─────────
Summa 32 26 1
oder in runder Summe pro Haupt 33 — —

b. Route über Passau, Mainz, Cöln, Antwerpen
nach London:

                                  Thl. Sgr. Pf.

1. Eisenbahn-Transportkosten pro
  Waggon zu 7 Stück von Wien
  bis Antwerpen, 164 Meilen à
  25 Sgr.[1]) . . . . 136 20 —
für Desinfection des Wagens . — 15 —
Kosten des Viehtreibers, Rückfahrt und Lohn:

                      Thl. Sgr. Pf.

von Antwerpen nach Cöln 2 25 —
  „ Cöln „ Mainz 2 10 6

---

[1] Bei Benutzung der Extra-Viehzüge von Mainz bis Antwerpen werden pro Haupt und Meile nur 3 Sgr. berechnet, so dass sich die Transportkosten für diese 53 Meilen betragende Strecke pro Haupt um 1 Thlr. billiger stellen.

	fl. kr.	Thl. Sgr. Pfg.	Thl. Sgr. Pfg.	Thl. Sgr. Pfg.
von Mainz nach Aschaffenburg	1 24			
von Aschaffenburg nach Passau	9 18			
	10 42 =	6 2 —		
von Passau nach Wien	7 11 =	4 22 6		
		16 — —		
6 Tage Lohn à 1 Thlr.		6 — —		
		22 — —		
davon die Hälfte		11 — —		
zusammen		148 5 —		

Die Eisenbahn-Transportskosten betragen
mithin pro Stück 21 5
2. Futterkosten . . . . 1 — —
3. Kosten der Ueberfahrt . . . . 5 — —
4. Verkaufskosten in London incl. Futtergeld
für 2 Tage 3 22 6

Summa 30 27 6
oder in runder Summe pro Haupt 31 — —

Nach Anleitung dieser Beispiele sind für einen bestimmten Ort, von welchem aus der Viehexport nach London beabsichtigt wird, die Kosten des Transports und des Verkaufs durch einen Voranschlag leicht festzustellen. Kennt man nun die Viehpreise, welche je nach der Qualität des Fleisches durchschnittlich auf dem Londoner Markte gezahlt werden, so ist unter Berücksichtigung der heimischen Preise einerseits, der Transport- und Verkaufskosten andererseits die Frage über den grösseren oder geringeren Vortheil einer Viehversendung nach London für jeden einzelnen Fall mit hinlänglicher Sicherheit zu beantworten. Auf absolute Richtigkeit machen die obigen Berechnungen keinen Anspruch, weil bei denselben die kleinen Abweichungen in den Eisenbahn-Transportskosten auf den verschiedenen Bahnen unberücksichtigt geblieben sind. Indessen wurden bei der gleichmässigen Berechnung des Eisenbahntransportes die Sätze so hoch gegriffen, dass die wirklichen Kosten eher niedriger als höher ausfallen werden. Handelt es sich z. B. um den Verkauf schwerer Mastochsen von vorzüglicher Qualität und durchschnittlichem Schlächtergewicht von 800 Pfund, so würde sich nach den jetzigen Preisen des Londoner Marktes dort ein solches Haupt Grossvieh. pro 100 Zollpfund c. 24 Thlr. gerechnet, auf 192 Thlr. stellen, wovon die Transport- und Verkaufskosten in Abzug zu bringen wären. Dieselben betragen nach obigen Berechnungen:

von Berlin aus................	16 Thlr.	mithin Reinerlös	176 Thlr.
von Breslau aus................	22 "	"	170 "
von Posen aus	21$^1/_2$ "	"	170$^1/_2$ "
von Danzig aus über Berlin und Hamburg	25 "	"	167 "
von Danzig mit directer Seeüberfahrt	17 "	"	175 "
von Emmerich aus	10 "	"	182 "
von Euskirchen aus	13$^1/_3$ "	"	178$^2/_3$ "
von Wien aus	32 "	"	160 "

Die Ausfuhr solcher schwerer Maststücke vorzüglicher Qualität wird nach vorstehender Berechnung trotz der erheblichen Steigerung der Viehpreise im eigenen Lande selbst auf weite Entfernungen lohnend sein. Anders dagegen stellt sich das Verhältniss beim Verkauf von Vieh mittlerer und geringer Beschaffenheit und leichten Gewichtes, da die nicht unerheblichen Transport- und Verkaufskosten hierfür dieselben sind, als für schwere und vorzügliche Stücke. Die oben mitgetheilten Viehpreise schwanken je nach der Qualität der Thiere pro 100 Zollpfund Schlächtergewicht von 16$^1/_2$ bis 24 Thlr. Nehmen wir beispielsweise den Preis von 100 Zollpfund zu 19 Thlr., so wird der Verkaufspreis eines 800 Pfund schweren Stückes nur 152 Thlr. betragen. Bringt man hiervon die Kosten des Transports und Verkaufs in Abzug, so wird in vielen Fällen der Vortheil des Exports von solchem Vieh nach London wenigstens aus weiter

Ferne fraglich erscheinen, was natürlich bei Vieh von geringem Gewichte und geringer Qualität noch mehr der Fall sein muss.

Wir unterlassen die weitere Mittheilung solcher Berechnungen, da dieselben bei dem beständigen Wechsel der lokalen Verhältnisse nicht als unbedingt zutreffend angesehen werden können. Es versteht sich, dass der Landwirth sich nur dann zur Viehversendung nach London entschliessen darf, wenn die angestellte Berechnung wesentlich zu Gunsten des Exports ausschlägt, da immer ein gewisses Risico damit verknüpft ist. So sind in den obigen beispielsweisen Berechnungen weder die Unkosten etwaiger Seeassecuranz, noch die in einzelnen Fällen vorkommenden Verluste durch Verunglücken oder Sterblichkeit auf der Reise in Anschlag gebracht worden, weil die dafür anzunehmenden Sätze je nach Art und Dauer der Reise und sonstigen Umständen ausserordentlich wechseln. Es ist aber dringend zu empfehlen, bei Kostenüberschlägen für irgend einen bestimmten Fall gebührende Rücksicht darauf zu nehmen und nach Anhalt der früheren Mittheilungen eine entsprechende Quote dafür in Ansatz zu bringen.

Zum Schlusse dieser Abhandlung wollen wir die wesentlichen Resultate unserer Untersuchungen kurz zusammenfassen. Wir stellen dabei den Satz obenan, dass der Londoner Viehmarkt durch seine ungeheure Ausdehnung und seinen riesenhaften Verkehr schon jetzt eine hohe Bedeutung für das Ausland besitzt und in Zukunft für den Absatz des fremden nichtenglischen Viehes sich noch immer günstiger zu gestalten verspricht. Wir brauchen uns dabei nur an die grossen Zahlen der jährlichen Vieheinfuhr zu erinnern, deren wesentlichsten Theil Deutschland liefert. Diese ausserordentlich starken Viehsendungen sind aber, wie wir ferner gesehen haben, nicht als eine vorübergehende Erscheinung zu betrachten, vielmehr bedarf England derselben dauernd, da es, ganz abgesehen von der grossen Calamität der Rinderpest, welche es so hart betroffen, ebenso wenig im Stande ist, seinen Bedarf

an Fleisch selbst zu erzeugen, als es seinen Consum an
Getreide zu decken vermag. Das schnelle Anwachsen
der Bevölkerung Grossbritanniens und die Vermehrung
seiner Bedürfnisse wird die Nachfrage nach Fleischnahrung immer mehr steigern und den Continent zur vermehrten Vieheinfuhr auffordern. Begünstigt wird dieselbe neuerdings noch dadurch, dass die frühern sehr
hartnäckigen Vorurtheile der Engländer gegen das fremde
Vieh immer mehr schwinden, so dass schon jetzt zwischen der besten englischen und continentalen Waare ein
bemerkenswerther Preisunterschied nicht mehr besteht.
Ebenso sind nach den bis jetzt gemachten Erfahrungen
die Verluste durch Beschädigungen und Sterblichkeit des
Viehes selbst auf langen Land- und Seereisen verhältnissmässig gering und beeinträchtigen den Gewinn des Viehexports nur unbedeutend. Wenn ferner die Art und
Weise des dortigen Viehverkaufs noch Manches zu wünschen übrig lässt, so bietet doch andererseits die Concurrenz der Markt-Commissionäre (cattle-salesmen) einen gewissen Schutz gegen Uebervortheilung der Viehbesitzer.
Auch steht zu hoffen, dass durch die Einführung einer
genauen amtlichen Notirung der Viehpreise auf dem Londoner Markte den Viehexporteuren eine bessere Controlle über den Verkauf bald verschafft werden wird.
Weiter haben wir darauf hingewiesen, dass nach den in
Schleswig und anderwärts gemachten Erfahrungen der
directe Verkauf des Viehes — durch Vermittelung jener
Commissionäre — für vortheilhafter zu halten sei, als die
Ueberlassung desselben an englische oder einheimische
Händler an Ort und Stelle. Zu dem Letzteren ist nur
in den Fällen zu rathen, wo sich eine unüberwindliche
Abneigung der Viehbesitzer gegen jene Verkaufsweise
zeigt. Hat erst der Viehexport auf diese Weise in einer
Gegend Platz gegriffen, so wird bald der directe Ver-
kauf in London für eigene Rechnung Eingang finden.
Besonders empfehlenswerth ist ferner die Vereinigung
der Landwirthe zur gemeinschaftlichen Viehausfuhr, weil
beim Export einer grösseren Anzahl von Thieren die Ko-

sten sich vermindern, eine sorgfältige Ueberwachung des ganzen Geschäfts sich erleichtert und somit der Gewinn steigen muss. Wird dabei das zu exportirende Vieh vor der Versendung seinem Gewicht und seiner Qualität nach abgeschätzt und der Gesammterlös später pro rata vertheilt, so ist der willkürlichen Schätzung des mit dem Verkaufe beauftragten Commissionärs, falls dessen Verkaufsabschluss zu einem Durchschnittspreise erfolgt, vorgebeugt. Das wichtige Hülfsmittel der Association ist deshalb gewiss auch für den Viehexport der vollen Beachtung werth.

Die Ausfuhr wird sich hauptsächlich auf Rindvieh und Schafe erstrecken, da der Transport von Kälbern und Schweinen auf weiten Entfernungen mit besonderen Schwierigkeiten verbunden und zu kostspielig ist. Von wesentlichem Einfluss auf den Gewinn des Viehexports ist ferner die richtige Wahl der zu versendenden Stücke, wobei grosses Gewicht und vorzügliche Qualität den Ausschlag geben. Schwere Maststücke empfehlen sich wegen der gleichbleibenden Transport- und Verkaufskosten als vorzügliche, weil in England die Güte des Fleisches mehr anerkannt und höher geschätzt wird, als bei uns, wie diess die grossen Unterschiede der englischen Fleischpreise zur Genüge zeigen.

Endlich muss darauf hingewiesen werden, dass der gewinnbringende Absatz vorzüglichen Fettviehes, welchen der Londoner Markt gewährleistet, nicht ohne segensreiche Rückwirkung auf die deutsche Viehzucht selbst geblieben ist und diesen erspriesslichen Einfluss auch in Zukunft in immer stärkerem Masse zu üben verspricht. Frühreife und Mastfähigkeit, diese kostbaren Eigenschaften des Fettviehes, werden auch in Deutschland immer mehr als das Ziel der Viehzucht anerkannt, was für uns eine um so grössere Bedeutung hat, je weniger man sich bei einer Rundschau über die Zustände des deutschen Landbaus der Einsicht verschliessen kann, dass die deutsche Viehzucht im Grossen und Ganzen genommen weder der Ausdehnung, noch der Vollkommenheit nach diejenige Stellung einnimmt, welche ihr gebührt, um ein Hauptförderungsmittel des landwirthschaftlichen Betriebes zu sein. Wir dürfen uns aber auch andererseits die erschwerenden Umstände nicht verhehlen, unter welchen der deutsche Landwirth im Vergleich mit anderen Ländern arbeitet. Mangel an genügendem Absatz und zu geringe Würdigung der Qualität des Fleisches haben bisher an dem langsamen Fortschritte unserer Viehzucht Schuld getragen, und gerade von diesem Gesichtspunkte aus wird die Viehausfuhr nach dem Londoner Markte als Hebel des landwirthschaftlichen Fortschrittes im rechten Lichte erscheinen.

In Gegenden, wo es bisher an hinreichendem Absatze der Vieherzeugnisse fehlt, werden daher Landwirthe sich ein wesentliches Verdienst um ihre Heimath erwerben, wenn sie die Frage des Viehexports nach England eingehend prüfen, die ersten Versuche der Ausfuhr selbst unternehmen und demnächst die allgemeine Betheiligung mittels einer gut geleiteten Association zu Stande bringen.

So kommen wir immer wieder zu dem Schlusse, dass der Londoner Viehmarkt wie bisher auch fortan direct und indirect fördernd auf die deutsche Landwirthschaft wirken werde und schliessen mit dem Wunsche, dass die Landwirthe Deutschlands sich der Vortheile desselben in immer grösserem Masse theilhaftig machen mögen.

Bonn, Druck von Carl Georgi.